So funktioniert das

Kauderwelsch-Prinzip

1. Die zusätzliche Wort-für-Wort-Übersetzung verdeutlicht die fremde Satzstruktur. Grüne Hinterlegungen zeigen Lücken zum Einsetzen von Wörtern bzw. Alternativen zum Auswählen an.

Fremdsprache	**¿Cuánto cuesta ... ?**
Wort-für-Wort	*wie-viel (es-)kostet ...*
Übersetzung	Wie viel kostet ... ?

2. Dies erleichtert anschließend das Einfügen der gewünschten Wörter in die Sätze.

el poncho, la ruana *(Col, Ven)*	der Poncho
la camisa	das Hemd
el vestido	das Kleid
el sombrero	der Hut
los zapatos	die Schuhe
las sandalias	die Sandalen
la cartera	die Tasche
el instrumento (musical)	das Musikinstrument

AZ

Im Wörterbuch am Ende des Buches gibt es noch mehr Wörter, die man sinnvoll einsetzen kann.

Inhalt

Spanisch lernen

Spanisch sprechen

Wörterbuch

Auf einen Blick

Spanisch in Lateinamerika

Lateinamerika ist der Oberbegriff für die romanischsprachigen Teile Amerikas und umfasst Mittelamerika und Südamerika. **Spanisch** ist in Lateinamerika, bis auf Brasilien, wo Portugiesisch gesprochen wird, die am meisten gesprochene Sprache.

19 Länder

In diesen amerikanischen Ländern wird (mehrheitlich) Spanisch gesprochen: Argentinien, Bolivien, Chile, Kolumbien, Costa Rica, Kuba, Dominikanische Republik, Ecuador, El Salvador, Honduras, Guatemala, Mexiko, Nicaragua, Panama, Paraguay, Peru, Puerto Rico (USA), Uruguay und Venezuela.

4 Klimazonen

Von der Wüste über den Dschungel bis zum ewigen Eis gibt es alle Klimazonen. Die extremsten Unterschiede gibt es in der Stadt: Auf der Straße sind es noch 34 Grad, und dann in Läden, Einkaufszentren, Büros, Bussen, Autos, usw. gefühlte 8 Grad.

über **350** indigene Sprachen

Obgleich Spanisch und Portugiesisch den Kontinent dominieren, existieren noch immer weit über 350 indigene Sprachen. Die bedeutendsten sind Quechua (Peru, Bolivien), Guaraní (Paraguay), Aymara (Anden), Nahuatl (Mexiko), Mayasprachen (Mexiko, Belize, Guatemala, Honduras) und Mapudungun (Chile, Argentinien).

USA
ATLANTISCHER OZEAN
Bahamas
Cuba
Mexiko
Jamaika
Dom.Republik
Cuba
Puerto Rico
Haiti
Barbuda
Antigua
Karibisches Meer
Guadeloupe
Jamaika
Grenada
Belize
Haiti
Dom. Republik
Dominica
Honduras
St. Lucia
Barbados
Guatemala
El Salvador
St. Vincent
Nicaragua
Grenada
Tobago
Costa Rica
Trinidad
Trinidad
Panama
Venezuela
Guyana
Surinam
Venezuela
Kolumbien
Franz. Guayana
Ecuador
Peru
Brasilien
Bolivien
PAZIFISCHER OZEAN
Paraguay
Chile
Uruguay
Argentinien
Spanisch
Portugiesisch
Englisch
Französisch
Niederländisch
Spanisch/Englisch

Top 5

Typisch Lateinamerika

№ 1 Vielfalt

Ein Blick auf die Landkarte zeigt: Es kann unmöglich von Lateinamerika als Ganzem gesprochen werden. Dazu ist das Gebiet viel zu groß – und die Lebensumstände und Sichtweisen der Menschen entsprechend vielfältig. Auch in der Sprache gibt es große Unterschiede: Einerseits hat sich in Zeiten von Reggaeton, Kartellen und Social Media mancherorts ein Straßen-Slang etabliert, der in europäischen Ohren ziemlich derb und vulgär klingt. Andererseits gibt es durchaus Menschen, die es mit der Sprache genau nehmen und großen Wert auf ihre Ausdrucksweise legen.

№ 2 Musik

Neben den international bekannten lateinamerikanischen Tänzen und Musikstilen gibt es natürlich noch viel mehr. **Música Andina (Hayno), Música Llanera, Venezuela (Joropo), Música de la Costa, Venezuela (Gaita), Música de Costa Atlántica, Colombia (Vallenato), Música Afro-Peruana (Landó), Música Argentina (Chacarera, Zamba, Milonga), Música Mexicana (Ranchera, Corrido)** sind nur einige Beispiele.

№3 Machismo

Zum Glück emanzipieren sich die Frauen allmählich von der Vorherrschaft der Männer, leider nicht in einem Maße, das zu einer echten Gleichberechtigung führen würde. Die schlechte Nachricht: das ist den meisten Männern ziemlich egal, und sie verbleiben in alten Denkmustern. Die andere, positive Seite des (kultivierten) Machismo sind Höflichkeit und gute Umgangsformen, mitunter auch der Respekt vor der emanzipierten Frau.

№4 Korruption und Kriminalität

Die großen Probleme Lateinamerikas sind weiterhin nicht zu übersehen. Wer es schafft, Lateinamerika zu durchqueren, ohne damit konfrontiert zu sein, hat entweder riesiges Glück gehabt oder sich komplett abgeschottet. Es gilt also, sich zu schützen und für sich einen Weg zu finden, damit umzugehen, wenn Schmiergeld erwartet wird.

№5 Humor

Übertreibungen, Verniedlichungsformen, witzige bildliche Vergleiche und „blumige“ Ausdrücke sind weit verbreitet. Jeder macht Witze über seine Nachbarn. Wenn ein Chilene behauptet, er wäre Gottes Vertreter auf Erden, sagt der Argentinier dazu nur: „Ich habe niemanden auf die Erde geschickt”.

Lateinamerikanisches Spanisch

Das Motto „Mit Englisch kommt man immer durch!“ gilt in weiten Teilen Lateinamerikas nicht. Nach Verlassen des Flughafens ist ein Grundwortschatz der Landessprache zur Verständigung meist unerlässlich.

Spanisch hat sich (wie Italienisch, Französisch) aus dem Latein entwickelt. So werden Ihnen viele Wörter bekannt erscheinen, wenn Sie Latein können. Das lateinamerikanische Spanisch ist das Spanisch Kastiliens, eben **castellano** (Kastilisch). Es ist allerdings mit einigen Wörtern der indigenen Sprachen durchsetzt. Das offizielle europäische Spanisch und das offizielle lateinamerikanische Spanisch sind sich sehr ähnlich. Was dann tatsächlich auf der Straße gesprochen wird, sieht z. T. schon ganz anders aus.

In einigen Ländern (v. a. Argentinien) ist die Bezeichnung **castellano** die einzige oder bevorzugte Bezeichnung für die Sprache, während man in Mexiko oder Kuba eher **español** sagt.

Von Region zu Region Südamerikas werden unterschiedliche Dialekte gesprochen, in einigen Ländern und Regionen auch noch die indigenen Sprachen **Quechua, Aymara, Guaraní, Náhuatl** usw. Aber **castellano** ist in 18 Staaten Lateinamerikas Nationalsprache – Grund genug, sich beim Lernen etwas Mühe zu geben. Ein **gringo** (ursprünglich Bezeichnung für US-Amerikaner bzw. Europäer / Weiße) zu sein, ist kein Kompliment, muss aber nicht zwingend eine Beleidigung sein.

Ein und dasselbe Wort kann in den verschiedenen lateinamerikanischen Ländern unterschiedliche Bedeutungen haben, oder man benutzt für eine Bedeutung verschiedene Wörter, mit eigenen regionalen Wortschöpfungen und mittlerweile mit Anglizismen. Wenn nötig, habe ich solche Feinheiten gekennzeichnet.

Man kann die Dialekte in Lateinamerika in vier Großregionen unterteilen: Mittelamerika (**Centroamérica,** Abk. „Mit“) einschließlich Mexiko, die Andenstaaten (**Andes**, „And") mit Bolivien („Bol"), Peru („Per"), Ecuador („Ecu"), Kolumbien („Col"), Chile („Chi"), die Karibik (**Caribe**, „Car"), wozu auch der größte Teil Venezuelas zählt, und die Río-de-la-Plata-Staaten (Argentinien, Paraguay und Uruguay) im Süden (**Sur**, „Süd"). Wörter, die vorwiegend in einer bestimmten Region gebraucht werden, habe ich mit diesen Abkürzungen gekennzeichnet.

Chile lässt sich auch nur grob mit in den Süden einordnen. Ebenso muss man sagen, dass an der Nordküste Kolumbiens eher wie in der Karibik gesprochen wird, und in den venezolanischen Anden eben eher **andino**.

So wird in den Anden beispielsweise sehr deutlich gesprochen und das „s" voll artikuliert. In der Karibik werden Anfang und Ende eines Wortes gerne verschluckt und der Rest „zusammengezogen". Insbesondere das „s" geht dabei oft verloren. In Mittelamerika und im Süden wird leicht „gesungen". In der Karibik (z. B. in der **República Dominicana**) wird das **r** am Ende eines Wortes oft in **l** umgewandelt. So sagt man **calol** statt **calor** (Hitze / Wärme).

Los Roques, Venezuela

Hinweise zur Benutzung

Spanisch lernen

Der erste Teil zeigt, wie Spanisch „funktioniert“ und liefert das Handwerkszeug, um eigene spanische Sätze zu sprechen.

Sollten Sie zu den Menschen gehören, die lieber einen Bogen um das Thema Grammatik machen: Keine Sorge! Die wichtigsten Regeln werden auch für Laien verständlich erklärt und mit praktischen Beispielen veranschaulicht. Die Wort-für-Wort-Übersetzung (Seite 1) hilft dabei, den Satzbau nachzuvollziehen und selbst anzuwenden.

Spanisch sprechen

Im zweiten Teil dreht sich alles ums Sprechen. Für alle möglichen Lebenslagen auf Reisen gibt es Beispiele, in die man nur noch das passende Wort einsetzen muss. Praktische Tipps und Infos zum Reiseland erleichtern das Ankommen.

Trauen Sie sich und versuchen Sie Ihre ersten Schritte in der Fremdsprache! Sie zeigen damit Interesse und Respekt – und schon ist das Eis gebrochen, auch wenn man mal einen Fehler macht. Sie werden völlig andere Dinge erleben als „sprachlose“ Reisende, und Sie werden feststellen: Sprache öffnet Türen und Herzen.

Wörterbuch

Am Ende des Buches finden Sie ein Wörterbuch zum Nachschlagen in beiden Richtungen. Die Umschlagklappen geben einen Überblick der wichtigsten Sätze.

Spanisch lernen

Unterschiede zum europäischen Spanisch:

Der auffälligste Unterschied liegt in der Aussprache: Im europäischen Spanisch wird statt **z** und **c** (bei **ce** und **ci**) ein gelispeltes „th“ gesprochen, während es in Lateinamerika wie das deutsche „ß“ klingt.

Die zweite Person Plural („ihr“) heißt in Spanien **vosotros** und in Lateinamerika **ustedes.** Vor allem im Süden und im Norden wird für die zweite Person Singular („du“) **vos** anstatt **tú** benutzt. Dieser sogenannte **voseo** kommt aber auch in etlichen anderen Gegenden vor (Mittelamerika, Teile von Ecuador und Kolumbien), dort vor allem in der Umgangssprache oder in ländlichen Gebieten.

Gleich bei den ersten Unterhaltungen werden Sie feststellen, dass in manchen lateinamerikanischen Ländern (z. B. im Westen) fast nicht geduzt wird, während das in Spanien recht häufig vorkommt. Wollen Lateinamerikaner die Zukunftsform ausdrücken, so umschreiben sie diese mit einer Konstruktion aus der Gegenwartsform des Verbs **ir** (gehen) plus dem Verhältniswort **a** (nach, zu) plus der Grundform (Infinitiv) des Verbs, während man in Spanien häufiger die echte Zukunftsform gebraucht.

Aussprache und Betonung

Die Aussprache ist einfach. Es gibt keinen Laut, der in der deutschen Sprache nicht vorkommt. Allerdings werden einige Buchstaben völlig anders ausgesprochen als bei uns.

Vokale

Vokale werden in der Regel wie im Deutschen ausgesprochen, beeinflussen aber auch die Aussprache benachbarter Konsonanten wie im Folgenden aufgeführt.

Doppellaute

Doppellaute, z. B. **ie, eu, ai** werden im Spanischen immer getrennt (nacheinander) ausgesprochen, also **i-e, e-u, a-i** usw.

Konsonanten

k, w	kommen nur in Fremdwörtern bzw. indigenen Sprachen vor und werden dann wie im Deutschen gesprochen	
c	vor Konsonanten und vor **a, o, u** wie „k“, vor **e** und **i** wie „ß“ in „Maß“	**Cuba** *„kuba“* (Kuba), **cena** *„ßena“* (Abendessen)
ch	kurzes „tsch“ wie in „Matsch“	**Chile** *„tschile“* (Chile)
g	vor **e** und **i** wie „h“ bzw. raues „ch“ (regional unterschiedlich), vor **a, o** und **u** wie „g“	**gente** *„hente“* (Leute), **galápago** (Wasserschildkröte)

In den Río-de-la-Plata-Ländern werden **ll** und **y** stattdessen wie „sch“ oder auch stimmhaft wie „j“ in „Journalist“ ausgesprochen. Diese Aussprache gilt als prototypisch argentinisch. Aber auch in anderen Ländern hört man oft einen leichten „sch"-ähnlichen Reibelaut.

Bei einigen wenigen Wörtern wird das **u** in **gue / gui** klingend ausgesprochen, dieses **u** wird dann **ü** geschrieben, z. B. bei **pingüino, güiro, agüita** (Verniedlichung von Wasser), **bilingüe** (zweisprachig), **lingüista, cigüeña** (Storch), **antigüedades, nicaragüense** (Nicaraguaner), **sinvergüenza** (Unverschämte:r).

gue, gui	wie „ge" bzw. „gi"; das **u** in **gue / gui** ist stumm und bewirkt, dass das **g** hier nicht wie ein raues „ch" ausgesprochen wird.	**guía** *„gia"* (Fremdenführer), **guerra** *„gerra"* (Krieg), *(aber:)* **guante** *„guante"* (Handschuh)
h	ist stumm	
j	wie „h" bzw. raues „ch" (regional unterschiedlich)	**naranja** *„naranha"* (Orange)
ll	wie „j" in „Jäger"	**calle** *„kaje"* (Straße)
ñ	wie „nj" in „Anja"	**mañana** *„manjana"* (morgen)
qu	wie „k" (gibt es nur vor **e** oder **i**)	**queso** *„keßo"* (Käse), **mantequilla** *„mantekija"* (Butter)
r	kurz gerolltes Zungen-r, besonders stark gerollt am Wortanfang und bei Verdoppelung sowie nach **l, n, s**	**radio** *„rradio"* (Radio), **perro** (Hund), **enredo** *„enrredo"* (Verwirrung)
s	wie „ß" in „Maß"	**clase** *„klaße"* (Klasse)
v	wie „w" in „Wasser"	**vender** *„wender"* (verkaufen)
y	wie „j" in „Jäger", am Wortende oder alleinstehend jedoch wie „i"	**desayuno** *„deßajuno" (Frühstück),* **hay** *„ai" (es gibt),* **y** *„i"* (und)
z	wie „ß" in „Maß"	**zapato** (Schuh)

Wortbetonung

Normalerweise werden die Wörter im Spanischen, die auf einen Vokal **(a, e, i, o, u)** auf **-n** oder **-s** enden, auf der vorletzten Silbe betont. Alle anderen Wörter betont man auf der letzten Silbe.

Ausnahmen von dieser Regel werden mit einem Akzentzeichen gekennzeichnet, z. B. **teléfono, plástico, mamá.** Bei falscher Betonung kann sich nämlich der Sinn des Wortes ganz erheblich ändern:

papa	Kartoffel
papá	Vater
esta	diese
está	(er / sie) ist
sabana	Savanne
sábana	Bettlaken

Satzmelodie

Die Tonsenkung erfolgt fast immer am Ende des Satzes.

Satzzeichen

Im Spanischen setzt man **?** und **!** auch zu Beginn des Frage- bzw. Ausrufesatzes, und zwar dann auf dem Kopf stehend, also **¿** und **¡**.

Nomen und Artikel

Im Spanischen gibt es nur zwei grammatische Geschlechter: männlich und weiblich. Das grammatische Geschlecht im Spanischen deckt sich jedoch nicht immer mit dem des deutschen Nomens. (Bei den Demonstrativpronomen taucht zwar später auch eine „neutrale“ Form auf, aber nicht im Sinne eines grammatischen Neutrums, sondern unbestimmt.)

Artikel

	männlich		weiblich	
Sg	**el**	der	**la**	die
Pl	**los**	die	**las**	die

	männlich		weiblich	
Sg	**un**	ein	**una**	eine
Pl	**unos**	einige	**unas**	einige

Grammatisches Geschlecht

Die Artikel richten sich in Zahl und Geschlecht nach dem dazugehörigen Nomen. Bei Lebewesen bestimmt normalerweise das natürliche Geschlecht sowie die Endung des Wortes den Artikel:

el señor	der Herr
la señora	die Frau
el chico	der Junge
la chica	das Mädchen

Weibliche Nomen enden fast alle auf **a, ad, ción, -sión** oder **z.**

la cocina	die Küche
la paz	der Frieden
la canción	das Lied

Wichtige Ausnahme: **el agua** (das Wasser) hat zwar den (scheinbar) männlichen Artikel, bleibt aber grammatikalisch weiblich, z. B. **el agua salada** (Salzwasser).

Alle Wörter der folgenden Liste sind jedoch männlich, auch wenn die Endung etwas anderes vermuten lässt:

el día	der Tag
el clima	das Klima
el avión	das Flugzeug
el camión	der LKW

Männliche Nomen enden fast alle auf **o**, **l**, **r**, **n**, **e**.

el trabajo	die Arbeit
el sol	die Sonne
el corazón	das Herz

Wichtige Ausnahmen sind:

la mano	die Hand
la razón	die Vernunft
la flor	die Blume

Plural

Die einfachste Regel mit sehr wenigen Ausnahmen ist: Endet das Wort auf einen Konsonanten, so wird **-es** angehängt, endet es auf einen Vokal, wird nur **-s** angehängt, z. B.:

el pan	das Brot
los panes	die Brote
la fruta	die Frucht
las frutas	die Früchte

Dieses und Jenes

Este (dieses hier) weist auf eine Sache oder Person, die sich nahe dem Sprecher befindet. **Ese** (dieses da) dient dazu, um auf etwas hinzuweisen, das sich nahe beim Angesprochenen befindet. Mit **aquel** (jenes), der dritten Stufe, verweist man auf örtlich oder auch zeitlich entferntere Dinge oder Menschen.

	männlich	weiblich	neutral
Sg	**este**	**esta**	**esto**
Pl	**estos**	**estas**	
Sg	**ese**	**esa**	**eso**
Pl	**esos**	**esas**	
Sg	**aquel**	**aquella**	**aquello**
Pl	**aquellos**	**aquellas**	

Adjektive

Adjektive (Eigenschaftswörter) richten sich in Geschlecht und Zahl nach dem Bezugswort. Alle Endungen auf **-o** *(männlich)* können durch **-a** *(weiblich)* ausgetauscht werden. Alle anderen Endungen sind gleichzeitig männlich und weiblich.

ocupado	besetzt
libre	frei
fácil	einfach
difícil	schwierig
trabajador	arbeitsam

flojo, vago	faul
barato, económico	billig, preiswert
caro	teuer
limpio	sauber
sucio	schmutzig
bueno	gut
malo	böse, schlecht
grande	groß
pequeño, chico	klein
cerca	nahe
lejos	weit
fuerte	kräftig, stark
débil	schwach
largo	lang
corto	kurz
bajo	niedrig, klein *(Statur)*
alto	hoch, groß *(Statur)*
abierto	geöffnet
cerrado	geschlossen
rico	reich
pobre	arm
caliente	heiß
frío	kalt
lento	langsam
rápido	schnell
mojado	nass
seco	trocken
simpático	sympathisch
antipático	unsympathisch
divertido	lustig

aburrido	langweilig
nuevo – joven	neu – jung
viejo	alt
(des)agradable	(un)angenehm
(in)feliz	(un)glücklich
(in)correcto, falso	(un)richtig, falsch
(in)justo	(un)gerecht
(poco) amistoso	(wenig) freundlich
duro	hart
blando, suave	weich
estúpido, tonto	dumm
inteligente	intelligent
pesado	schwer, lästig
avispado	klug
bello, bonito, lindo	schön, hübsch
triste	traurig
feo; asqueroso	hässlich; ekelhaft
oscuro	dunkel
claro	hell
lleno – vacío	voll – leer
(poco) amable	(wenig) höflich

Die Adjektive sind dem Nomen in der Regel nachgestellt. Folgende wenige Adjektive (und sonstige „Begleiter") können auch vor dem Nomen stehen. Die männliche Form verliert dabei die Endung.

alguno	irgendein
algún libro	irgendein Buch
ninguno	kein
ningún chico	kein Junge

ninguna	keine
ninguna chica	kein Mädchen
grande	groß
un gran poeta	ein großer Poet
bueno	gut
buen tiempo	gutes Wetter
malo	schlecht
mal tiempo	schlechtes Wetter

Folgende „Begleiter“ sind dem Nomen, auf das sie sich beziehen, immer vorangestellt:

mucho	viel
poco	wenig
otro	anderer, noch einer
menos	weniger
más	mehr

El niño pequeño tiene un perro negro.
der Kind klein (es-)hat ein Hund schwarz
Das kleine Kind hat einen schwarzen Hund.

El poncho gris es caro.
der Poncho grau ist teuer
Der graue Poncho ist teuer.

Yo como poca carne.
Ich esse wenig Fleisch.

Farben

el color	Farbe
blanco	weiß
amarillo	gelb
(a)naranja(do)	orange
rojo, colorado	rot
verde	grün
azul	blau
violeta, morado	violett
marrón, café	braun
gris	grau
negro	schwarz
plateado	silbern
dorado	golden
rubio	blond

Wortstellung im Satz

Wie Sie an den Beispielen schon bemerkt haben, funktioniert der Satzbau nach dem Prinzip „Subjekt – Prädikat – Objekt".

Subjekt (Satzgegenstand)	Prädikat (Satzaussage)	Objekt (Satzergänzung)
Ella Sie	**es** ist	**maestra.** Lehrerin.

Steigern und Vergleichen

Um ein Adjektiv zu steigern, verwendet man das Wort **más** *(mehr)*, das beim Komparativ vor das Eigenschaftswort gestellt wird. Das Vergleichswort wird dann mit dem Wort **que** *(als)* angeknüpft. Der Superlativ wird gebildet, indem zusätzlich der bestimmte Artikel dem Nomen, auf das sich die Steigerung beziehen soll, vorangestellt wird.

lindo *(m)*	schön
más lindo (que) *mehr schön (als)*	schöner (als)
el más lindo *der mehr schön*	der schönste
linda *(w)*	schön
más linda (que) *mehr schöne (als)*	schöner (als)
la más linda *die mehr schöne*	die schönste

Ella es más alta que él.
sie ist mehr hohe als er
Sie ist größer als er.

Él es más bajo que ella.
er ist mehr niedrig als sie
Er ist kleiner als sie.

Ella es la más alta.
sie ist die mehr hohe
Sie ist die größte.

Él es el más bajo.
er ist der mehr niedrig
Er ist der kleinste.

Übertreiben (Vergrößern / Verkleinern)

Um zu „übertreiben“, was sehr üblich ist, hängen Sie an das Eigenschaftswort die Endung **ísimo** *(m)* bzw. **-ísima** *(w)* an:

Él es bajísimo.
er ist niedrigst
Er ist winzig.

Ella es altísima.
sie ist höchste
Sie ist riesig.

Este Hotel es carísimo.
dieser Hotel ist teuerst
Dieses Hotel ist teuer.

Im Süden Lateinamerikas wird oft ein **re-** vor das Wort gesetzt, was dann so viel wie „sehr" bedeutet:

rebueno	sehr gut
remalo	sehr schlecht

Die Endungen **-ito** *(m)* oder **-ita** *(w)* bzw. **-ote** *(m)* oder **-ota** *(w)* „verkleinern" bzw. „vergrößern" ein Nomen:

un beso	ein Kuss
un besito	ein Küsschen
un besote	ein dicker Kuss
una casa	ein Haus
una casita	ein Häuschen
una casota	ein großes Haus

Südamerikaner haben oftmals einen bildhaften Humor. Um zum Beispiel „Angst (Schiss) haben" auszudrücken, sagen sie:

... está más cagao que palo 'e gallinero.
... ist vollgeschissener als eine Stange im Hühnerstall.

Oder eine Längenangabe:

... es más largo que eructo de jirafa.
... ist länger als der Rülpser einer Giraffe.

Es wird immer nach neuen, auch aktuellen Bildern gesucht.

Fragen

Das Fragen dürfte Ihnen nicht allzu viele Schwierigkeiten machen. Benutzen Sie ein Fragewort, bleibt die Satzstellung des normalen Aussagesatzes erhalten.

Ergänzungsfragen

Auf Ergänzungsfragen antwortet man mit einem vollständigen Satz.

Fragewörter	
¿cómo?	wie?
¿(a)dónde?	wo(hin)?
¿de dónde?	woher?
¿cuándo?	wann?
¿cuál? *(Sg)*	welche/r?
¿cuáles? *(Pl)*	welche?
¿cuál es?	welches?
¿cuánto?	wie viel?
¿cuántos / -as?	wie viele? *(m/w)*
¿qué?	was?
¿para qué?	wofür?

¿porqué?	warum?
¿quién? *(Sg)*	wer?
¿quiénes? *(Pl)*	wer?

Hola, ¿cómo estás?
hallo wie (du-)bist
Hallo, wie geht's dir?

mögliche Antwort

Bien, ¿y tú?
gut und du
Gut, und dir?

¿Adónde vas?
nach-wo (du-)gehst
Wohin gehst du?

mögliche Antwort

Quiero ir a Lima.
(ich-)will gehen zu Lima
Ich möchte nach Lima.

¿Dónde está la estación de bus?
wo ist die Station von Bus
Wo ist die (Bus-)Haltestelle?

mögliche Antwort

En el centro.
in der Zentrum
Im Zentrum.

¿Y cómo llego al centro?
und wie (ich-)komme zu-der Zentrum
Und wie komme ich zum Zentrum?

a la derecha	rechts
a la izquierda	links
(a) delante	vorne
(hacia) atrás	nach hinten
allá	dort
allí	da
aquí, acá	hier
derecho, recto	geradeaus
cerca	nahe
lejos	weit
una cuadra	ein Block
en la esquina	an der Ecke

Die folgenden Fragen heißen alle „Wie teuer?“, „Wie viel kostet es?“, „Wie viel ist es wert?“:

¿Cuánto cuesta?
wie-viel (es-)kostet
Was kostet das?

¿A cuánto está? *(And)*
zu wie-viel (es-)ist
Was kostet das?

¿Cuánto vale? *(Süd)*
wie-viel (es-)ist-wert
Was kostet das?

Entscheidungsfragen

Auf Fragen ohne Fragewörter kann man nur mit „ja“ oder „nein“ antworten. Sie zu bilden, ist auch nicht schwer. Da wird nämlich wie im Deutschen gefragt. Nur die Betonung und die Satzstellung ändern sich ein bisschen:

¿Viaja este auto / bus al sur?
(er-)fährt dieser Auto / Bus zu-der Süden
Fährt dieser Bus nach Süden?

mögliche Antwort

Sí, ¿quiere un pasaje?
ja (er-/sie-)will ein Fahrkarte
Ja, wollen Sie eine Fahrkarte?

Personalpronomen

In den Anden-Regionen ist das Duzen nicht besonders üblich.

yo	ich
tú	du
vos	du *(wird v. a. im Süden anstelle von* **tú** *gebraucht)*
él – ella	er – sie *(w)*
Usted (Ud. / Vd.)	Sie *(höfl. Anrede für eine Einzelperson)*
nosotros/as *(m/w)*	wir
ustedes	ihr
vosotros	ihr *(kommt in der Realität praktisch nicht vor, sondern gilt als „Bibelsprache“ – stattdessen wird eben* **ustedes** *benutzt)*

ellos/as *(m/w)*	sie *(Pl)*
Ustedes (Uds. / Vds.)	Sie *(höfl. Anrede für mehrere Personen)*

Nosotros bzw. **ellos** wird für gemischte oder nur männliche Gruppen verwendet, **nosotras** bzw. **ellas** für nur weibliche Gruppen. **Ud.** *(Sg)* und **Uds.** *(Pl)* sind die gebräuchlichen Abkürzungen für **Usted** bzw. **Ustedes. Vd.** *(Sg)* und **Vds.** *(Pl)* sind die entsprechenden literatursprachlichen Abkürzungen dafür.

Wem? oder Wen?

Die Formen der Pronomen auf die Frage „wem?“ oder „wen?“ lauten wie folgt:

Frage „wem?“

	unbetont	betont
mir	**me**	**a mí**
dir	**te**	**a ti**
ihm	**le**	**a él**
ihr	**le**	**a ella**
Ihnen	**Le**	**a Usted**
uns	**nos**	**a nosotros/-as**
euch	**les**	**a ustedes**
ihnen	**les**	**a ellos/-as**
Ihnen	**Les**	**a Ustedes**

Frage „wen?“

mich	**me**
dich	**te**

ihn	**lo**
sie *(Sg)*	**la**
Sie *(m/w Sg)*	**lo / la**

uns	**nos**
euch *(m/w)*	**los / las**
sie *(m)*	**los**
sie *(w)*	**las**
Sie *(m/w Pl)*	**los / las**

Die gebeugten unbetonten Personalpronomen stehen immer vor dem Verb, mit dem sie verbunden sind.

Carlos me escribe.
Carlos mir (er-)schreibt
Carlos schreibt mir.

María me llama.
María mich (sie-)ruft
María ruft mich (an).

El señor me presta su auto.
der Herr mir (er-)leiht sein Auto
Der Herr leiht mir sein Auto.

Te quiero.
dich (ich-)will
Ich mag / liebe dich.

Die betonte Form wird zusätzlich zur unbetonten verwendet, um das Personalpronomen hervorzuheben. Sie steht immer nach dem Verb.

Carlos me escribió a mí.
Carlos mir (er-)schrieb zu mir
Carlos hat mir *(!)* geschrieben.

Mit sämtlichen Präpositionen stehen immer nur die betonten Formen der Personalpronomen (dann allerdings ohne **a**).

para mí	für mich
para ti	für dich
para él	für ihn
para ella	für sie
para Usted	für Sie
para nosotros/-as	für uns *(m/w)*
para ustedes	für euch
para ellos/-as	für sie *(m/w)*

Zusammen mit der Präposition **con** verschmelzen einige Personalpronomen, die dann überdies eine besondere Form annehmen:

con + mí = conmigo	mit mir
con + ti = contigo	mit dir
con + si = consigo	mit sich

Possessivpronomen

Die Possessivpronomen können Sie wie im Deutschen benutzen, aber sie können nicht ohne Nomen stehen.

mi casa	mein Haus
tu casa	dein Haus
su casa	sein / ihr / Ihr Haus
nuestra casa	unser Haus
su casa	euer / ihr / Ihr *(Pl)* Haus

Der Plural wird wie bei Nomen und Adjektiven gebildet.

mis libros	meine Bücher
tus libros	deine Bücher
sus libros	seine / ihre / Ihre Bücher
nuestros libros	unsere Bücher
sus libros	eure / ihre / Ihre Bücher

Die folgenden Pronomen sind die entsprechenden Varianten, die ohne Nomen stehen. Sie werden oft begleitet von **es** *(ist)* im Sinne von „gehört“.

(es) mío	(ist) meiner
(es) tuyo	(ist) deiner
(es) suyo	(ist) seiner / ihrer / Ihrer
(es) nuestro	ist unserer
(es) suyo	ist eurer / ihrer / Ihrer *(Pl)*

Der Plural dieser selbstständigen Possessivpronomen wird erwartungsgemäß mit der Endung **-s** gebildet. Das Verb „sein, gehören“ muss dann natürlich auch in den Plural gesetzt werden und nimmt dann die Form **son** *(sind)* an.

(son) míos	(sind) meine
(son) tuyos	(sind) deine
(son) suyos	(sind) seine / ihre / Ihre
(son) nuestros	(sind) unsere
(son) suyos	(sind) eure / ihre / Ihre *(Pl)*

Zu diesen Formen (in Singular und Plural) gibt es auch entsprechende weibliche Formen, nämlich mit den Endungen **-a** bzw. **-as** (z. B. **es mía** „ist meine“ oder **son tuyas** „sind deine“).

Verben und Zeiten

Verben bestehen immer aus einem Stamm plus Grundform-Endung. Es werden drei Gruppen unterschieden:

ar	**comprar**	kaufen
er	**comer**	essen
ir	**recibir**	bekommen

Gegenwart

Die folgenden Beugungstabellen gelten nur für regelmäßige Verben. Der Stamm bleibt immer gleich, und die Endung verändert sich nach folgendem Schema:

	comprar kaufen	**comer** essen	**vivir** leben
ich	**compro**	**como**	**viv-o**
du	**compras**	**comes**	**viv-es**
er, sie, Sie *(Sg)*	**compra**	**come**	**viv-e**
wir	**compramos**	**comemos**	**viv-imos**
ihr	**compran**	**comen**	**viv-en**
sie, Sie *(Pl)*	**compran**	**comen**	**viv-en**

María compra un libro.
María kauft ein Buch.

Nosotros compramos la comida.
wir(m) kaufen die Essen
Wir kaufen das Essen.

Él vive en un hotel.
er lebt in ein Hotel
Er lebt in einem Hotel.

Da man an der Endung des Verbs erkennt, um welche Person es sich handelt, kann man das Pronomen für das Subjekt (den Satzgegenstand) weglassen, es sei denn, man will die Person besonders hervorheben:

Nosotros comemos pan.
Wir (!) essen Brot. (Die anderen aber nicht.)

Vollendete Gegenwart (Perfekt)

Einfach zu bilden ist die vollendete Gegenwart (Perfekt), die wie im Deutschen aus dem Hilfsverb (nur **haber** „haben") + Partizip II (Mittelwort der Vergangenheit) gebildet wird.

Hilfsverb haber (haben)

haber	haben
he	ich habe
has	du hast
ha	er / sie hat, Sie *(Sg)* haben
hemos	wir haben
han	ihr habt
han	sie / Sie *(Pl)* haben

Achtung! Verwechseln Sie **haber** nicht mit dem Vollverb **tener** (haben / besitzen)! Das Hilfsverb ist ausschließlich **haber**, auch dort, wo man im Deutschen das Hilfsverb „sein" benutzt, z. B. bei Bewegungsverben.

Partizip II

Die Endung der Grundform wird durch die Partizip-Endung wie folgt ersetzt:

...-ar	wird zu	**...-ado**
comprar (kaufen)		**compr-ado** (gekauft)

...-er	wird zu	**...-ido**
comer (essen)		**com-ido** (gegessen)

...-ir	wird zu	**...-ido**
viv-ir (leben)		**viv-ido** (gelebt)

Ella ha comprado un poncho.
sie hat gekauft ein Poncho
Sie hat einen Poncho gekauft.

Nosotros hemos comido una sopa.
wir(m) haben gegessen eine Suppe
Wir haben eine Suppe gegessen.

Yo he vivido diecisiete años en Venezuela.
ich habe gelebt siebzehn Jahre in Venezuela
Ich habe siebzehn Jahre in Venezuela gelebt.

Einfache Vergangenheit

Die einfache Vergangenheit (span.: **indefinido**) wird sehr häufig benutzt (und zwar auch dann, wenn man im Deutschen das Perfekt gebraucht). Es beschreibt ein abgeschlossenes Ereignis in der Vergangenheit. Die Verben mit den Endungen **er** und **ir** haben die gleichen Beugungsendungen.

habl-ar sprechen	
habl-é	ich sprach
habl-aste	du sprachst
habl-ó	er, sie, Sie *(Sg)* sprach
habl-amos	wir sprachen
habl-aron	ihr spracht
habl-aron	sie, Sie *(Pl)* sprachen

com-er essen	
com-í	ich aß
com-iste	du aßest
com-ió	er, sie aß, Sie *(Sg)* aßen
com-imos	wir aßen
com-ieron	ihr aßt
com-ieron	sie, Sie *(Pl)* aßen

viv-ir leben	
viv-í	ich lebte
viv-iste	du lebtest
viv-ió	er, sie, lebte, Sie *(Sg)* lebten
viv-imos	wir lebten
viv-ieron	ihr lebtet
viv-ieron	sie, Sie *(Pl)* lebten

Ayer comí con ella.
gestern (ich-)aß mit sie
Gestern aß ich mit ihr. / Gestern habe ich mit ihr gegessen.

Yo viví diecisiete años en Caracas.
ich (ich-)lebte siebzehn Jahre in Caracas
Ich habe 17 Jahre in Caracas gelebt.

Zukunft

Um die Zukunft auszudrücken, kombiniert man ein Verb in der Gegenwart mit einer passenden Zeitangabe (z. B. „morgen“). Das wird im Deutschen oft genauso gemacht.

Yo compro el pan después.
Ich kaufe das Brot später.

Ella recibe el auto mañana.
sie bekommt der Auto morgen
Sie bekommt morgen das Auto.

Nosotros viajamos en una semana y dos días.
wir(m) reisen in eine Woche und zwei Tagen
Wir reisen in einer Woche und zwei Tagen.

Eine weitere, ebenfalls einfach zu bildende Form für die (nahe) Zukunft, ist wie folgt:

gebeugtes **ir** *(gehen)* + **a** *(zu)* + Grundform des Verbs

Voy a salir.
(ich-)gehe zu weggehen
Ich werde gleich weggehen.

Vamos a pagar la cuenta.
(wir-)gehen zu zahlen die Rechnung
Wir werden gleich die Rechnung bezahlen.

Ellos van a viajar al Cusco.
sie(m) gehen zu reisen zum Cusco
Sie werden nach Cusco reisen.

Verlaufsform

Die Verlaufsform bezeichnet die gerade ablaufende Handlung und wird wie im Englischen verwendet. Sie setzt sich aus dem gebeugten **estar** (sein) und dem Partizip I (Mittelwort der Gegenwart) zusammen. Das Partizip I wird ganz regelmäßig gebildet, indem die Endungen der Grundform jeweils wie folgt ersetzt werden:

...ar	wird zu	**...-ando**
comprar kaufen		**compr-ando** kaufend

...er	wird zu	**...iendo**
comer essen		**com-iendo** essend

...-ir	wird zu	**...iendo**
viv-ir leben		**viv-iendo** lebend

Está hablando.
(er-/sie-)ist sprechend
Er / Sie spricht gerade.

Estamos comiendo.
(wir-)sind essend
Wir essen gerade.

Estoy viviendo en Berlín.
(ich-)bin lebend in Berlin
Ich lebe derzeit in Berlin.

Wichtige regelmäßige Verben

subir	aufsteigen, steigen, hinaufgehen
esperar	(er)warten, hoffen
bajar	absteigen, hinuntergehen
llegar	ankommen, gelangen
contestar	antworten
trabajar	arbeiten
manejar	Auto fahren

recibir	bekommen, erhalten
visitar	besuchen
necesitar	brauchen, benötigen
invitar	einladen
explicar	erklären
comer	essen
volar	fliegen
preguntar	fragen
entregar	geben
caminar	gehen, laufen, spazieren gehen
saludar	grüßen, begrüßen
ayudar	helfen
comprar	kaufen
besar	küssen
vivir	leben, wohnen
aprender	lernen
leer	lesen
amar	lieben
coger	nehmen, ergreifen
tomar	nehmen, trinken
abrir	öffnen
robar	rauben, stehlen
fumar	rauchen
entrar	hineingehen, hereinkommen
viajar	reisen
reservar	reservieren
llamar	rufen, anrufen
escribir	schreiben
mirar	sehen
conversar	sich unterhalten

hablar	sprechen
buscar	suchen
beber	trinken
olvidar	vergessen
vender	verkaufen
comprender, entender	verstehen
pagar	zahlen, bezahlen
enseñar	zeigen, lehren

Coger sollte man in Argentinien und Venezuela allerdings nicht benutzen: Umgangssprachlich bedeutet es hier nämlich „Sex haben“ (stattdessen eher: **tomar** oder auch **agarrar**)!

Unregelmäßige Verben

Unregelmäßige Verben gibt es zum Glück nicht so viele. Hier stelle ich kurz die wichtigsten vor.

Grundform	Partizip II
abrir (öffnen)	**abierto** (geöffnet)
escribir (schreiben)	**escrito** (geschrieben)

Bei den folgenden Verben ist in der Gegenwart nur die Ich-Form der Gegenwart unregelmäßig, der Rest ist regelmäßig:

	ich ...	Partizip II
ver (sehen)	**veo**	**visto**
hacer (machen)	**hago**	**hecho**
poner (stellen)	**pongo**	**puesto**
dar (geben)	**doy**	**dado**

saber (wissen)	**sé**	**sabido**
salir (hinausgehen)	**salgo**	**salido**

Allerdings ist der Wechsel von **-o-** zu **-ue-** und von **-e-** zu **-ie-** nur aus Anfängerperspektive unregelmäßig. Völlig unregelmäßig in der Gegenwart sind.

	decir sagen	**dormir** schlafen	**querer** wollen	**poder** können
ich	**digo**	**duermo**	**quiero**	**puedon**
du	**dices**	**duermes**	**quieres**	**puedes**
er, sie, Sie *(Sg)*	**dice**	**duerme**	**quiere**	**puede**
wir	**decimos**	**dormimos**	**queremos**	**podemos**
ihr	**dicen**	**duermen**	**quieren**	**pueden**
sie, Sie *(Pl)*	**dicen**	**duermen**	**quieren**	**pueden**

Das Partizip II ist nur bei **decir** (sagen) unregelmäßig: **dicho.**

	ir gehen	**oír** hören	**tener (tener que)** haben (müssen)
ich	**voy**	**oigo**	**tengo (... que)**
du	**vas**	**oyes**	**tienes (... que)**
er, sie, Sie *(Sg)*	**va**	**oye**	**tiene (... que)**
wir	**vamos**	**oímos**	**tenemos (... que)**
ihr	**van**	**oyen**	**tienen (... que)**
sie, Sie *(Pl)*	**van**	**oyen**	**tienen (... que)**

Die dazugehörigen Partizipien II lauten:

ido	gegangen
oído	gehört
tenido	gehabt

(Nosotros) vamos mañana a la montaña.
(wir) gehen morgen zu die Gebirge
Wir gehen morgen ins Gebirge.

El bus ha salido ya, el otro sale mañana.
der Bus hat rausgegangen schon der andere hinausgeht morgen
Der Bus ist schon abgefahren, der andere fährt morgen.

(Yo) no sé.
(ich) nicht weiß
Ich weiß nicht.

(Ellos) no tienen dinero.
(sie(m Pl)) nicht (sie-)haben Geld
Sie haben kein Geld.

Tengo que ir al baño.
(ich-)habe dass gehen zum Bad
Ich muss auf die Toilette gehen.

Weitere unregelmäßige Verben sind:

contar	erzählen
dar	geben
conocer	kennen
poner	(hin)legen
pedir	verlangen, bitten

Unregelmäßige Verben sind in den Wörterlisten im Buch mit * gekennzeichnet.

Verneinung

Das Verneinungswort **no** (nein, nicht) steht immer vor dem Verb.

Lamentablemente no puedo venir.
leider nicht (ich-)kann kommen
Ich kann leider nicht kommen.

No tengo dinero.
nicht (ich-)habe Geld
Ich habe kein Geld.

Die unbestimmten Verneinungswörter, wie „niemand“, „nichts“, „niemals“, benötigen im Spanischen eine „doppelte Verneinung“, die das Verb umschließt.

no ... ninguno *(m)*	keiner
no ... ninguna *(w)*	keine
no ... nadie	niemand
no ... nunca	niemals
no ... jamás	niemals
no ... nada	nichts
no ... tampoco	auch nicht
no ... en ninguna parte	nirgends
no ... a ninguna parte	nirgendwohin
no ... de ninguna parte	nirgendwoher

No entiendo nada.
nicht (ich-)verstehe nichts
Ich verstehe nichts.

No volverá nunca.
nicht (er-/sie-)zurückkommen-wird nie
Er / Sie wird nie zurückkommen.

No entfällt nur dann, wenn das besondere verneinende Wort dem Verb vorangestellt ist.

Nunca he comido tanto.
nie (ich-)habe gegessen soviel
Nie habe ich soviel gegessen.

Ella tampoco sabe la verdad.
sie auch nicht (sie-)weiß die Wahrheit
Sie kennt auch nicht die Wahrheit.

Die Verben „sein"

Im Spanischen gibt es zwei Verben für „sein": **ser** und **estar**. Sie werden niemals wie im Deutschen als Hilfsverben für die zusammengesetzten Zeiten benötigt (z. B. „ich bin gegangen"). **Siehe auch: „Verben und Zeiten" auf Seite 33.**

ser	**estar**	sein
soy	**estoy**	ich bin
eres	**estás**	du bist
es	**está**	er / sie / Sie *(Sg)* sind
somos	**estamos**	wir sind
son	**están**	ihr seid
son	**están**	sie / Sie *(Pl)* sind
sido	**estado**	gewesen *(Partizip II)*

Ser bezeichnet im Allgemeinen Dauerzustände bzw. wesensmäßige Eigenschaften, z. B. Beruf, Religion, Tag, Uhrzeit, Geschlecht usw. **Estar** hingegen bezeichnet vorübergehende Zustände, wie z. B. Krankheit, Stimmung, Lage einer Person und geografische Lage.

Nosotros somos estudiantes.
Wir sind Studenten. (gilt als Beruf!)

Él es arquitecto.
Er ist Architekt.

Ella es arquitecta.
Sie ist Architektin.

Yo estoy cansado.
Ich bin erschöpft.

Hier wird der Bedeutungsunterschied zwischen **ser** und **estar** besonders deutlich:

Yo estoy borracho.
Ich bin betrunken.

Yo soy borracho.
Ich bin Trinker.

Modalverben

Die Modalverben „können", „müssen", „sollen" und „dürfen" werden üblicherweise in Verbindung mit Vollverben (diese in der Grundform) gebraucht und geben der Satzaussage einen zusätzlichen Bedeutungsaspekt (Möglichkeit, Notwendigkeit, Verpflichtung usw.). Hier die Modalverben in der Gegenwart:

	deber müssen	**poder** können	**querer** wollen
ich	**debo**	**puedo**	**quiero**
du	**debes**	**puedes**	**quieres**
er, sie, Sie *(Sg)*	**debe**	**puede**	**quiere**
wir	**debemos**	**podemos**	**queremos**
ihr	**deben**	**pueden**	**quieren**
sie, Sie *(Pl)*	**deben**	**pueden**	**quieren**

Saber bedeutet auch „können" („etw. zu tun wissen").

	saber wissen	**tener que** müssen
ich	**sé**	**tengo que**
du	**sabes**	**tienes que**
er, sie, Sie *(Sg)*	**sabe**	**tiene que**
wir	**sabemos**	**tenemos que**
ihr	**saben**	**tienen que**
sie, Sie *(Pl)*	**saben**	**tienen que**

Debemos visitar a la familia.
(wir-)müssen besuchen zu die Familie
Wir müssen die Familie besuchen.

No debes hacerlo.
nicht (du-)darfst machen-es
Du darfst das nicht tun.

Deber hat neben „müssen" auch die Bedeutung „sollen" und „dürfen". **Deber** als Vollverb bedeutet „(jemandem etwas) schulden".

Während **deber** „müssen“ im Sinne einer moralischen Pflicht bedeutet, beruht **tener que** auf äußerem Zwang. Als Nomen bedeutet **poder** „Macht“.

¿Cuánto le debo?
wie-viel ihm/ihr (ich-)schulde
Wie viel schulde ich Ihnen?

¡No puedo más!
nicht (ich-)kann mehr
Ich kann nicht mehr!

Aquí no se puede fumar.
hier nicht sich (es-)kann rauchen
Man darf hier nicht rauchen!

Quiero salir al centro.
(ich-)will ausgehen zu-der Zentrum
Ich will ins Zentrum gehen.

Sí, pero nosotros queremos ir a la playa.
ja aber wir(m) wollen gehen zu die Strand
Ja, aber wir (!) wollen an den Strand gehen.

Bei einem höflich geäußerten Wunsch benutzt man statt **quiero** die Konjunktivform (Möglichkeitsform) **quisiera** („ich möchte“, „ich würde gern“).

Quisiera ver la habitación.
(ich-)würde-wollen sehen die Zimmer
Ich würde gern das Zimmer sehen.

Quisiéramos ir a casa.
(wir-)würden-wollen gehen zu Haus
Wir würden gerne nach Hause gehen.

Todos saben hablar inglés.
alle (sie-)wissen sprechen englisch
Alle können Englisch sprechen.

Ellos saben jugar bien al fútbol.
sie(m Pl) wissen spielen gut zu-der Fußball
Sie können gut Fußball spielen.

Tengo que ir al médico.
(ich-)habe dass gehen zu-der Arzt
Ich muss zum Arzt gehen.

Tienes que llamar a tu mamá.
(du-)hast dass rufen zu deine Mama
Du musst deine Mutter anrufen.

Reflexive Verben

Reflexive (rückbezügliche) Verben haben im Infinitiv stets die zusätzliche Endung **se** (sich), z. B. **lavarse** (sich waschen). Bei der Beugung trennt sich **se** von der Grundform und wird zu einem selbstständigen Reflexivpronomen der 3. Person, das vor dem Verb steht. In der 1. und 2. Person benutzt man stattdessen die normalen Personalpronomen auch im rückbezüglichen Sinne, also genauso wie im Deutschen.

lavarse *waschen-sich*	sich waschen
me lavo *mich (ich-)wasche*	ich wasche mich
te lavas *dich (du-)wäschst*	du wäschst dich
se lava *sich (er-/sie-)wäscht*	er / sie wäscht sich, Sie *(Sg)* waschen sich
nos lavamos *uns (wir-)waschen*	wir waschen uns
se lavan *sich (sie-)waschen*	ihr wascht euch
se lavan *sich (sie-)waschen*	sie / Sie *(Pl)* waschen sich

Einige Verben sind im Spanischen reflexiv, im Deutschen jedoch nicht:

Me voy.
mich (ich-)gehe
Ich gehe weg.

Me llamo ...
mich nenne
Ich heiße ...

¡Cállate!
schweig-dich
Halt die Klappe!

Das reflexive **se** wird auch verwendet, um das unpersönliche „man“ auszudrücken.

Se vende souvenirs.
sich (sie-)verkaufen Souvenirs
Man verkauft Souvenirs.

Se habla inglés.
sich (es-)spricht englisch
Man spricht Englisch.

Präpositionen

Mit Präpositionen (Verhältniswörtern) kann man zeitliche und räumliche sowie allgemeine Beziehungen ausdrücken. Sie stehen immer vor dem Nomen oder Pronomen, auf das sie sich beziehen.

antes de	vor (zeitlich)
después de	nach (zeitlich)
delante de	vor (räumlich)
a, hacia	nach (räumlich)
cerca de	nahe bei
lejos de	fern von
con	mit
sin	ohne
junto con	zusammen mit
además de	außer
(en) contra	(da)gegen
de	von, aus (örtl.)
debajo de	unter
encima de	über
sobre	auf, über
dentro de	innerhalb von, nach Ablauf von
desde	seit / von ... nach
detrás de	hinter
al lado de, junto a	neben (räumlich)
de paso	nebenbei
entre	zwischen (räumlich)
durante	während (zeitlich)
en	in, an, auf
en caso de	im Falle

en cuanto a	bezüglich
frente a	gegenüber
fuera de	außerhalb von
hasta	bis
para	für
más	zuzüglich
por	wegen, durch, für, gegen
que	als, was, dass
según	je nach, laut

Ella se va a Argentina.
sie sich geht zu Argentinien
Sie geht nach Argentinien.

Regresamos en una semana.
(wir-)zurückkommen in eine Woche
Wir kommen in einer Woche zurück.

Un regalo para mis hijos.
Ein Geschenk für meine Kinder.

Einige Präpositionen verschmelzen mit dem bestimmten männlichen Artikel und bilden folgende Formen:

a + el	wird zu	**al** *(zum)*
de + el	wird zu	**del** *(vom)*

Vamos al centro del pueblo.
(wir-)gehen zu-der Zentrum von-der Dorf
Wir gehen zum Zentrum des Dorfes.

Café con leche pero sin azúcar.
Kaffee mit Milch aber ohne Zucker
Kaffee mit Milch, aber ohne Zucker.

El hotel está detrás del puente.
das Hotel ist hinter von-der Brücke
Das Hotel ist hinter der Brücke.

El puente está delante del hotel.
der Brücke ist vor von-der Hotel
Die Brücke ist vor dem Hotel.

Quiero una habitación cerca del jardín.
(ich-)will eine Zimmer nahe von-der Garten
Ich möchte ein Zimmer nahe dem Garten.

Ella ha viajado desde Lima hasta Santiago.
sie hat gereist von Lima bis Santiago
Sie ist von Lima bis Santiago gereist.

Venimos dentro de un rato.
(wir-)kommen innerhalb von ein Weile
Wir kommen in einer Weile.

Quiero comprar algo para mi mamá.
(ich-)will kaufen etwas für meine Mama
Ich möchte etwas für meine Mutter kaufen.

No he comprado nada además de esto.
nicht (ich-)habe gekauft nichts außer von dies
Außer diesem habe ich nichts gekauft.

Konjunktionen

Die Konjunktionen (Bindewörter) werden im Prinzip wie im Deutschen benutzt.

o	oder
y	und
pero	aber
entonces	dann
aunque	obwohl
porque	weil
si	wenn, falls; ob
cuando	wenn *(zeitl.)*, als
para	um zu
sino	sondern
que	welche(r,-s); dass

Si mañana sale el sol voy a la playa.
wenn morgen (sie-)rauskommt der Sonne (ich-)gehe an die Strand
Wenn morgen die Sonne scheint, gehe ich an den Strand.

¿Qué te parece si vamos al cine?
was dir (es-)scheint wenn (wir-)gehen zu-der Kino
Was hältst du davon, wenn wir ins Kino gehen?

„das" oder „dass"?

Das spanische Wort **que** dient sowohl als Relativpronomen (wie in „der Mann, der / welcher ...", „die Frau, die / welche ...") als auch als allgemeine, Nebensätze einleitende Konjunktion „dass". Anders als die deutschen Relativpronomen ist das spanische **que** unveränderlich (auch bezüglich Singular und Plural).

Esta es la camisa que quiero comprar.
diese (sie-)ist die Hemd welche (ich-)will kaufen
Dies ist das Hemd, das ich kaufen will.

Pienso que ella es una chica muy linda.
(ich-)denke dass sie ist eine Mädchen sehr schöne
Ich denke / finde, dass sie ein sehr schönes Mädchen ist.

Zahlen und Zählen

Die Zahlen unterscheiden sich nicht von den in Spanien gebräuchlichen.

Grundzahlen

Uno (eins) wird vor einem männlichen Nomen zu **un** und vor einem weiblichen zu **una.** Das gilt auch bei Zusammensetzungen (21, 31 usw.).

cero	0
uno / una	1
dos	2
tres	3
cuatro	4
cinco	5
seis	6
siete	7
ocho	8
nueve	9
diez	10

once	11
doce	12
trece	13
catorce	14
quince	15
dieciséis	16
diecisiete	17
dieciocho	18
diecinueve	19
veinte	20
treinta	30
cuarenta	40
cincuenta	50
sesenta	60
setenta	70
ochenta	80
noventa	90

Die zusammengesetzten Zehnerzahlen werden aus dem Zehner, dem Wörtchen **y** (und) und der Einerzahl gebildet. Nur die zusammengesetzten Zahlen von 11 bis 19 und 21 bis 29 haben Sonderformen.

veintiuno	21
veintidós	22
veintitrés	23
veinticuatro	24
veinticinco	25
veintiséis	26

veintisiete	27
veintiocho	28
veintinueve	29

treinta y tres
dreißig und drei
dreiunddreißig

cuarenta y dos
vierzig und zwei
zweiundvierzig

Die zusammengesetzten Hunderter werden mit Grundzahl und **cientos** *(m)* bzw. **cientas** *(w)* je nach Geschlecht des Nomens gebildet. Leicht unregelmäßig sind 500, 700 und 900: es heißt für 500 nicht **cincientos,** sondern **quinientos,** für 700 nicht **sietecientos,** sondern **setecientos,** für 900 nicht **nuevecientos,** sondern **novecientos.**

Steht **ciento** allein vor einem Nomen, wird es zu **cien** verkürzt. Zum Beispiel:

hace cien años
vor hundert Jahren

hace cientos de años
vor hunderten von Jahren

cien(to)	100
doscientos	200
trescientos	300
cuatrocientos	400
quinientos	500
seiscientos	600
setecientos	700
ochocientos	800
novecientos	900
mil	1000

dos mil	2000
tres mil	3000
diez mil	10.000
un millón	1.000.000

tres millones setecientos noventiséis mil ochocientos cuarenta y dos
drei Millionen sieben-hunderte neunzig-sechs tausend acht-hunderte vierzig und zwei
3.796.842

Bruchzahlen

medio	halb
un cuarto	ein Viertel
dos tercios	zwei Drittel

Ordnungszahlen

Die Ordnungszahlen richten sich wie Adjektive in Zahl und Geschlecht nach dem Nomen, auf das sie sich beziehen. Vor weiblichen Nomen wird **o** deshalb zu **a.** Ordnungszahlen stehen in der Regel vor dem Bezugswort. Vor männlichen Nomen entfällt das **-o** von **primero** und **tercero.**

primero	erster
segundo	zweiter
tercero	dritter
cuarto	vierter
quinto	fünfter
sexto	sechster
séptimo	siebter

octavo	achter
noveno	neunter
décimo	zehnter
último	letzter
onceavo / décimo primero *(zehnter erster)*	elfter
catorceavo / décimo cuarto *(zehnter vierter)*	vierzehnter

la segunda calle
die zweite Straße
die zweite Straße

el último día
der letzte Tag
der letzte Tag

el primer piso
die erste Etage

el tercer viaje
die dritte Reise

más *mehr*	plus
menos *weniger*	minus
último	letzter
penúltimo	vorletzter
antepenúltimo	vorvorletzter

Zeit und Datum

Die Zeitangaben werden wie im Deutschen angewendet.

anteayer	vorgestern
ayer	gestern
antes	vorher

ya	schon
hace un rato	vor einer Weile
hace mucho tiempo	vor langer Zeit
hace poco tiempo	vor kurzer Zeit
hoy	heute
ahora	jetzt, gleich
todavía no, aún no	noch nicht
en un mes	in einem Monat
luego	später
después	nachher
mañana	morgen
pasado mañana	übermorgen
ahora, en seguida	jetzt, sofort
pronto	bald
luego	dann
a veces	manchmal
muchas veces	oft
siempre	immer
nunca	nie
la noche	Nacht
tarde	spät
la tarde	Nachmittag
temprano	früh
la semana	Woche
el día	Tag
el mes	Monat
el año	Jahr

Uhrzeit

Für die Uhrzeit wird das 12-Stunden-System benutzt, manchmal mit dem Zusatz **a. m.** für „vormittags" bzw. **p. m.** für „nachmittags".

de la mañana	vormittags
de la tarde	nachmittags
de la noche	abends, nachts

¿Qué hora es?
was Stunde (sie-)ist
Wie spät ist es?

¿Cuánto tiempo?
wie-viel Zeit
Wie lange?

Bei allen Stundenangaben wird der weibliche Artikel gebraucht, da **hora** (Stunde, Uhrzeit) ein weibliches Nomen ist.

Es la una de la tarde.
(sie-)ist die eine von die Nachmittag
Es ist 13 Uhr.

Nur bei 1 Uhr wird der Artikel im Singular gebraucht **(la),** sonst heißt es **las.**

Son las nueve de la mañana.
(sie-)sind die neun von die Morgen
Es ist 9 Uhr morgens.

y *und*	nach
cuarto *vierter*	viertel
para / menos *für / weniger*	vor
media *halbe*	halb
segundo	Sekunde
minuto	Minute

Son las cinco y media.
(sie-)sind die fünf und halb
Es ist 5 Uhr 30 / 17 Uhr 30. Es ist halb sechs.

Son las once y veinte.
(sie-)sind die elf und zwanzig
Es ist 11 Uhr 20 / 23 Uhr 20. Es ist zwanzig nach elf.

Son veinte (minutos) para las cuatro.
(sie-)sind zwanzig (Minuten) für die vier
Es ist zwanzig (Minuten) vor vier.

Im Süden wird mehr das **menos** (minus) benutzt.

Son las tres menos cuarto.
(sie-)sind die drei minus viertel
Es ist 2 Uhr 45 / 14 Uhr 45. Es ist viertel vor drei.

Son las ocho menos cinco.
(sie-)sind die acht minus fünf
Es ist 7 Uhr 55 / 19 Uhr 55. Es ist fünf vor acht.

mediodía	zwölf Uhr mittags
medianoche	Mitternacht

Bei der Frage nach einem Zeitpunkt (um wie viel Uhr?) verwendet man die Präposition **a,** die dann in der Antwort wiederholt wird.

¿A qué hora sale el avión?
zu was Stunde abfährt der Flugzeug
Wann fliegt das Flugzeug ab?

A las dos.
zu die zwei
Um zwei.

Vengo a las diez.
(ich-)komme zu die zehn
Ich komme um zehn.

Wochentage

Alle Wochentage und Monatsnamen sind männlich.

los días de la semana	die Wochentage
lunes	Montag
martes	Dienstag
miércoles	Mittwoch
jueves	Donnerstag
viernes	Freitag
sábado	Samstag
domingo	Sonntag

El viernes no tengo tiempo.
der Freitag nicht (ich-)habe Zeit
Am Freitag habe ich keine Zeit.

Monate

los meses	die Monate
enero	Januar
febrero	Februar
marzo	März
abril	April
mayo	Mai
junio	Juni
julio	Juli
agosto	August
septiembre	September
octubre	Oktober
noviembre	November
diciembre	Dezember

Jahreszeiten

las estaciones	die Jahreszeiten
la primavera	Frühling
el verano	Sommer
el otoño	Herbst
el invierno	Winter

Datum

Beim Datum wird nur der Erste eines Monats als Ordnungszahl angegeben, ansonsten werden die Grundzahlen verwendet. Die Jahreszahl wird als Tausender **(mil)** angegeben.

¿Qué fecha tenemos?
was Datum (wir-)haben
Welches Datum haben wir?

Hoy es el primero de mayo de dos mil doce.
heute ist der erste von Mai von zwei tausend zwölf
Heute ist der 1. Mai 2012.

Tenemos el cuatro de enero.
(wir-)haben die vier von Januar
Wir haben den vierten Januar.

Maße und Mengenangaben

Die Bezeichnungen für Mengenangaben und Maße stimmen mit den in Spanien gebräuchlichen überein.

un centímetro	ein Zentimeter
un metro	ein Meter
un kilómetro	ein Kilometer
cien gramos	hundert Gramm
un kilo	ein Kilo(gramm)
medio kilo	ein halbes Kilo(gramm)
un litro	ein Liter
una botella	eine Flasche
un paquete	ein Paket
una docena	ein Dutzend
una porción	eine Portion

Das Nomen, auf das sich die Mengenangabe bezieht, wird mit **de** (von) nachgestellt.

medio kilo de papas
halbes Kilo von Kartoffeln
ein halbes Kilo Kartoffeln

una botella de vino blanco
eine Flasche von Wein weiß
eine Flasche Weißwein

Spanisch sprechen

Lateinamerikanisches Spanisch hat – je nachdem, wo man sich aufhält – unendlich viele Gesichter . Im folgenden Kapitel wird ein überall verständlicher „gemeinsamer Nenner" vermittelt. Regional unterschiedliche Bezeichnungen sind jeweils mit dem Kürzel der Region versehen.

Wörter, die weiterhelfen

Für den Anfang können Sie mit dem unpersönlichen Ausdruck **hay** (es gibt) die wichtigsten Sachen erfahren (ausgesprochen *„ai"*).

Gibt es ... ?

¿Hay ... ?
es-gibt ...
Gibt es ... ?

¿Hay café?
es-gibt Kaffee
Gibt es Kaffee?

¿Hay un hotel aquí?
es-gibt ein Hotel hier
Gibt es ein Hotel hier?

¿Hay comida?
es-gibt Essen
Gibt es Essen?

mögliche Antworten

Sí, hay.
ja es-gibt
Ja, gibt es.

No, no hay.
nein nicht es-gibt
Nein, gibt es nicht.

¿Hay bebidas?
es-gibt Getränke
Gibt es Getränke?

mögliche Antworten

Sí, hay.
ja es-gibt
Ja, gibt es.

No, no hay.
nein nicht es-gibt
Nein, gibt es nicht.

Hast du / Haben Sie ... ?

¿Tienes / Tiene ... ?
(du-)hast / (er-/sie-)hat ...
Hast du ... ? / Haben Sie ... ?

¿Tiene una habitación libre?
(er-/sie-)hat ein Zimmer frei
Haben Sie ein Zimmer frei?

¿Tiene pizza?
(er-/sie-)hat Pizza
Haben Sie Pizza?

mögliche Antworten

Sí, tengo.
ja (ich-)habe
Ja, habe ich.

No, no tenemos.
nein nicht (wir-)haben
Nein, haben wir nicht.

Ich will / möchte ... (haben).

Quiero ...
(ich-)will ...
Ich will / möchte ...

Quiero un café.
(ich-)will ein Kaffee
Ich will einen Kaffee!

Quisiera ...
(ich-)würde-gern ...
Ich hätte gern ...

Quisiera un pan.
Ich möchte ein Brot.

Quisiera un jugo.
Ich möchte einen Saft.

Für die Verneinung stellt man einfach **no** (nein, nicht) voran:

No quiero café.
nicht (ich-)will Kaffee
Ich will keinen Kaffee.

Ganz wichtig: **te quiero** bedeutet „ich mag dich".

Wo gibt es ... ?

Falls man sich jetzt weiter durchfragen muss, hilft die nächste Frage weiter:

¿Dónde hay ... ?
wo es-gibt ...
Wo gibt es ... ?

¿Dónde hay una farmacia?
wo es-gibt eine Apotheke
Wo gibt es eine Apotheke?

Wo ist / befindet sich ... ?

¿Dónde está ... ?
wo (er-/sie-/es-)ist ...
Wo ist ... ?

¿Dónde está el hotel?
Wo ist das Hotel?

¿Dónde está el baño?
Wo ist das WC (Bad)?

Fragen Sie unterwegs möglichst verschiedene Leute, wenn Sie wissen wollen, ob Sie auf dem richtigen Weg sind, denn obwohl Ihnen alle helfen wollen, bedeutet das nicht, dass die Auskunft genau ist. Es kommt auch vor, dass Leute lieber einen falschen Weg nennen, als zuzugeben, es nicht zu wissen.

Südamerikaner über- und untertreiben manchmal gern. So kann z. B. „fünf Minuten zu Fuß" **(a pie)** auch „eine halbe Stunde im Dauerlauf" bedeuten.

Ich suche ...

Estoy buscando ...
(ich-)bin suchend ...
Ich suche ...

Estoy buscando un restaurante.
(ich-)bin suchend ein Restaurant
Ich suche ein Restaurant.

Estoy buscando un teléfono.
(ich-)bin suchend ein Telefon
Ich suche ein Telefon.

Wie viel kostet ... ?

¿Cuánto cuesta ... ?
wie-viel (er-/sie-/es-)kostet ...
Wie viel kostet ... ?

¿Cuánto cuesta esto?
Wie viel kostet dies?

¿Cuánto cuesta la entrada?
Wie viel kostet der Eintritt?

¿Cuánto cuesta un boleto?
Wie viel kostet eine Fahrkarte?

Kurz-Knigge

Der größte Teil der Lateinamerikaner ist römisch-katholisch, häufig aber auch sehr abergläubisch. Das hat zum Teil andere und sehr konservative Moral- und Wertvorstellungen zur Folge. Mit dem Verhalten eines „wohlerzogenen Europäers" kommen Sie allerdings sicherlich gut zurecht. Also: Höflich sein, grüßen, „ordentliche" Kleidung tragen und auf keinen Fall nackt baden.

Frauen sollten eine gewisse Distanz zu Männern halten und sich von ihnen nicht einladen lassen. Wenn Sie eine Auskunft brauchen, fragen Sie besser andere Frauen. Nicht „sparsam" kleiden: Ein fehlender BH oder enge Kleidung provozieren Reaktionen, die unangenehm sein können.

In Lateinamerika „redet" man nicht nur mit dem Mund, sondern mit dem ganzen Körper.

Lateinamerikaner haben eine grundsätzlich freundlich-offene Haltung. Jedoch reagieren sie oftmals sehr impulsiv. Pünktlichkeit ist nicht ihre große Stärke. Gastfreundschaft ist ernst gemeint, ein kleines Gastgeschenk kommt gut an. Man sollte etwas mit auf die Reise nehmen. Geeignet ist alles, was man auch in Europa mitbringen würde.

Die Esskultur Lateinamerikas ist ein Kapitel für sich, das hier nur flüchtig gestreift werden kann. Da das Essen eine besondere Bedeutung hat, nimmt man sich viel Zeit für Zubereitung und Verzehr. Es gibt viele lokale Küchen und Zubereitungen, die sich unmöglich alle auflisten lassen. Einige typische Gerichte sind im Kapitel „Essen und Trinken“ zusammengestellt. Dazu kommt, dass zu den Mahlzeiten ein großer Teil der Familie beisammen ist.

Sie sollten keine Kräuter oder Ähnliches mit über die Grenze nehmen, um Drogenverdacht zu vermeiden, und lieber auch keine politische Literatur.

In Lateinamerika gibt es sehr viel Armut. Dies führt zu hohen Raten an Raub, Diebstahl und anderen Arten der Kriminalität. Sie sollten Schmuck und Geld nicht auffällig zeigen. Reisen Sie möglichst nicht allein.

Selbstverständlich darf man nicht alle Südamerikaner in einen Topf werfen – Intellektuelle, „Spirituelle“ und nachhaltig denkende Menschen sind auf jeden Fall in den Großstädten und in bestimmten Dörfern anzutreffen – aber durch Social Media, Reggaeton und die Kartelle sind die krassen Ausdrucks- und Umgangsformen der „Unterwelt“ im Alltag angekommen. Im Norden von Südamerika und Mittelamerika reden sich die Menschen z. B. mit **marica** („Schwuchtel“) an, das ist in etwa mit „Alter“, „Digga“ oder „Bro“ zu vergleichen. Natürlich reden nicht alle Leute immer so, und insbesondere unter Akademiker:innen geht es weniger ordinär zu, aber der Ton ist insgesamt rauer geworden.

Wenn Sie unfreundlich als **gringo** behandelt werden, so erklären Sie, dass Sie kein US-Amerikaner sind. Allerdings gelten diese nur als die „prototypischen" **gringos** – letztlich werden aber alle Weißen aus dem Norden in diese Schublade gepackt. Möglicherweise kann Ihnen als Deutscher etwas Ähnliches auch mit „Nazi" passieren. Das ist dann aber vielfach eher gedankenlos dahergesagt als provokativ gemeint.

Es kommt sogar gar nicht so selten vor, dass Lateinamerikaner Deutsche mit „Heil Hitler" begrüßen und sich überhaupt nicht vorstellen können, dass sie damit in ein gewaltiges Fettnäpfchen treten. Tatsächlich spielen hierbei der Konsum von Kriegsfilmen und mangelndes Geschichtsbewusstsein zusammen. Europa und seine Geschichte sind sehr weit weg. (Wer genug Spanisch spricht, kann hier versuchen, einen Bildungsauftrag zu erfüllen.)

Zum Glück gibt es sehr viele ehrliche und liebevolle Menschen in Südamerika, aber auch einige, die es mit der Ehrlichkeitswahrnehmung nicht so genau nehmen. Ein **qué lindo** („Wie schön!") muss z. B. in den Anden nicht viel zu sagen haben. Ich kann mich an eine Situation erinnern, dass eine Mutter sagte: „Mein Sohn ist kein Betrüger, er ist nur sehr schlau". Diese Mentalität hebelt nahezu alle Wertvorstellungen aus. Die Doppelmoral ist auch ein Zeichen dafür. Kleine Fehltritte im Alltag, die man selbst begeht, werden als nicht so schlimm angesehen. Was jedoch die anderen machen, das ist schlimm!

Begrüßen und Verabschieden

Um mit Menschen Kontakt aufzunehmen, sind die Grußworte wichtig, denn vor allem mit Freundlichkeit kann man als Fremder Auskunft und Hilfe bekommen. Der bekannteste und gebräuchlichste Gruß ist **¡Hola!,** mit dem Sie jeden anreden können, es sei denn, Sie wollen bestimmten Personen besondere Höflichkeit erweisen. Hier ist dann eher ein **¡Buenas!** angebracht. Je nach Tageszeit und Anlass sagt man:

¡Buenos días!	Guten Morgen!, Guten Tag!
¡Buenas tardes!	Guten Nachmittag!, Guten Abend!
¡Buenas noches!	Guten Abend!, Gute Nacht!
¡Buenas!	Guten ... ! *(abgekürzt und allgemein)*
¡Bienvenido!	Willkommen! *(zu einem Mann)*
¡Bienvenida!	Willkommen! *(zu einer Frau)*

Zum Abschied sagt man:

¡Buena suerte!
Viel Glück!

¡Buen viaje!
Gute Reise!

¡Hasta mañana!
Bis morgen!

¡Chau!
Tschüss!

¡Hasta luego!
Bis später!

¡Adiós!
zu-Gott
Lebewohl! (höflich)

Anders als in Spanien klingt **¡Adiós!** in den meisten Ländern Lateinamerikas sehr förmlich und ernsthaft.

Bitten, Danken, Wünschen

Jede Art von Bitte (um etwas) wird mit **por favor** ausgedrückt. Die Antwort auf „danke“ ist im Spanischen nicht „bitte“, sondern eher „Nichts zu danken“ oder „Keine Ursache“.

Bitten / Danken

Por favor ...
durch Gefallen
Bitte ...
(um etwas bitten)

¡Aquí tienes!
hier (du-)hast
Hier, bitte!
(beim Überreichen)

Gracias.
Danke
Danke.

Muchas gracias.
viele Danke
Vielen Dank.

Antworten auf „danke“:

De nada.
von nichts
Keine Ursache.

No hay de qué.
nicht es-gibt von was
Nicht der Rede wert.

Wünschen

¡Felicidades!
Glückwünsche
Alles Gute! (zum Geburtstag)

¡Feliz navidad!
Frohe Weihnachten!

¡Buena suerte!
Viel Glück!

¡Buen Viaje!
Gute Reise!

Sich entschuldigen

Disculpa.
Entschuldige.

Disculpe.
Entschuldigen Sie.

Lo siento (mucho).
es (ich-)fühle (viel)
Tut mir (sehr) leid.

Perdón.
Entschuldigung.

Dieses Kapitel zum Anhören: siehe Seite 192

Anrede

Da die Menschen auf ihren Status einigen Wert legen, ist bei folgenden Anreden und bei älteren Leuten die „Sie“-Form anzuwenden:

señor	Herr
señora	Frau
don ...	Herr ... *(+ Vorname)*
doña ...	Frau ... *(+ Vorname)*
maestro/-a *(m/w)*	Meister/in, Schullehrer/in
jefe	Chef

Floskeln

Hier die wichtigsten Floskeln, mit denen man schon ein bisschen „small talk“ üben kann.

¿Cómo estás?
wie (du-)bist
Wie geht's?

mögliche Antwort

Más o menos, ¿y tú?
mehr oder weniger und du
Es geht, und dir?

¡Que te vaya bien!
dass dir (es-)gehe gut
Mach's gut!

mögliche Antwort

Igualmente.
gleichfalls
Gleichfalls.

¿Permiso?
Erlaubnis
Gestatten?

mögliche Antwort

¡Adelante! / ¡Pase!
Herein! (oder Antwort auf „Gestatten?“)

Permiso sagt man auch, wenn man kurz den Tisch oder Raum verlässt.

Wenn man vorgestellt wird, sagt man:

Als Mann:

¡Encantado!
entzückt(m)
Sehr erfreut!

Als Frau:

¡Encantada!
entzückt(w)
Sehr erfreut!

¡Mucho gusto!
viel Gefallen
Sehr erfreut!

¡Salud!
Gesundheit! *(zum Niesenden)*,
Prost! *(als Trinkspruch)*

Dieses Kapitel zum Anhören: siehe Seite 192

Das erste Gespräch

Wer sich im Ausland befindet, wird zu Anfang eines Gespräches meistens mit den gleichen Fragen konfrontiert. Hier ein typisches erstes Gespräch zum gegenseitigen Kennenlernen.

¡Hola!, ¿cómo estás?
hallo wie (du-)bist
Hallo, wie geht's dir?

mögliche Antwort

Bien, gracias, ¿y tú?
gut danke und du
Gut, danke, und dir?

También bien.
auch gut
Auch gut.

¿Cómo te llamas?
wie dich (du-)rufst
Wie heißt du?

mögliche Antwort

Vicente, ¿y tú?
Vicente, und du?

María.
María.

¿De dónde eres?
von wo (du-)bist
Woher kommst du?

mögliche Antwort

De Alemania.
von Deutschland
Aus Deutschland.

¿Y qué haces aquí?
und was (du-)machst hier
Und was machst du hier?

mögliche Antwort

Ver y conocer tu país.
sehen und kennenlernen dein Land
Dein Land sehen und kennenlernen.

¿Te gusta?
dir (es-)gefällt
Gefällt es dir?

mögliche Antwort

Sí, es muy lindo.
ja (es-)ist sehr schön
Ja, es ist sehr schön.

¿Qué haces esta tarde?
was (du-)machst diese Nachmittag
Was machst du heute Nachmittag?

mögliche Antwort

Todavía no tengo nada planeado.
noch nicht (ich-)habe nichts geplant
Ich habe noch nichts geplant.

¿Qué te parece si te enseño el museo contemporáneo?
was dir (es-)scheint wenn dir (ich-)zeige das Museum zeitgenössisch
Was hältst du davon, wenn ich dir das zeitgenössische Museum zeige?

Unterwegs

Ob Sie nun ein Auto mieten oder einen Gebrauchtwagen erwerben: erwarten Sie keine europäischen Verhältnisse. Grün bedeutet „vorsichtig rüberfahren, die anderen fahren über Rot". Alles, was vom Seitenspiegel an nach hinten passiert, gehört nicht zur eigenen Verantwortung, daraus folgt: alles was vor einem fährt, interessiert sich nicht für das, was dahinter passiert.

Spuren werden gern spontan gewechselt (Blinker? Wozu?), rechts überholt, alles ganz normal. „Geschwindigkeitsbegrenzung? Brauche ich nicht, mein Wagen kann das!“

Langstreckenbusse fahren hauptsächlich vom örtlichen Busbahnhof ab. Nicht nur in Spitzenzeiten, wie Karneval, Ostern, Weihnachten usw., sind die Busfahrer oftmals übermüdet. Zu diesen Zeiten ereignen sich viele Busunglücke.

Mit öffentlichen Verkehrsmitteln

el precio	Preis
el arriendo, el alquiler	Miete
el carro, auto, coche	Auto
el autobús, el bus	Bus
la guagua *(Cub)*	Bus
Achtung: In den Andenländern dagegen bedeutet **guagua** „Baby“ (Quechua-Lehnwort)!	
la buseta *(Col)*, **el mini, el micro** *(And)*, **el colectivo** *(Süd)*	kleinerer (Stadt-)Bus
el colectivo, el trufi *(Bol)*, **el por puesto** *(Ven)*	Sammeltaxi, Minibus
el camión, la camioneta *(Chi)*	LKW
la camioneta *(Car)*	Lieferwagen, Pick-up
el autoferro	Schienenbus
el auto de alquiler, el autocar	Mietwagen
la bicicleta	Fahrrad
la moto	Motorrad
el chofer	Chauffeur
el taxi	Taxi
el teleférico	Drahtseilbahn

el avión (la avioneta)	(Klein-)Flugzeug
el aeropuerto	Flughafen
el vuelo	Flug
el barco, el buque	Schiff
el bote, la lancha	Boot
el ferry	Fähre
el puerto	Hafen
el tren	Zug
el metro	Metro
la parada de bus	Bushaltestelle
la estación (de ferrocarril)	Bahnhof
el viaje	Reise
la taquilla, la boletería	Fahrkartenschalter
el pasaje, el ticket, el boleto, el billete	Fahrkarte
la rebaja, el descuento	Ermäßigung
ida y vuelta	hin und zurück
sólo ida	nur hin
la salida, la partida	Abfahrt
la llegada	Ankunft
agotado, acabado	ausverkauft
lleno	voll
el revisor, el inspector	Schaffner
la clase	Klasse
el asiento, el puesto	Sitz, Platz
la ventana, la ventanilla	Fenster(chen)
el equipaje	Gepäck
la mochila	Rucksack
la maleta, la valija	Koffer
(in)directo	(in)direkt

lento, despacio *(Adv)*	langsam
(des)ocupado	(un)besetzt
prohibido	verboten
privado	privat
rápido	schnell
esperar	warten, hoffen
asegurar	versichern
entrar	hineingehen
regresar	zurückkommen
preguntar	fragen
alquilar, arrendar	mieten

¿Hay descuento para estudiantes?
es-gibt Diskont für Studenten
Gibt es Ermäßigung für Studenten?

¿Dónde está la próxima parada?
wo (sie-)ist die nächste Haltestelle
Wo ist die nächste Haltestelle?

¿Cuánto cuesta un taxi hasta ... ?
wie-viel (er-)kostet ein Taxi bis ...
Wie viel kostet ein Taxi nach ... ?

¿Cuántas paradas son hasta ... ?
wie-viele(w) Haltestellen (sie-)sind bis ...
Wie viele Haltestellen sind es bis ... ?

¿Para este metro en ... ?
(sie-)hält dieser Metro in ...
Hält diese Metro in ... ?

¿Cuándo sale el bus a ... ?
wann (er-)hinausgeht der Bus zu ...
Wann fährt der Bus nach ... ab?

¿(Dónde) tengo que cambiar de metro / bus?
(wo) (ich-)habe dass wechseln von Metro / Bus
(Wo) muss ich umsteigen?

He tenido un accidente.
(ich-)habe gehabt ein Unfall
Ich hatte einen Unfall.

Por favor, quiero un pasaje sólo de ida a ...
durch Gefallen (ich-)will ein Fahrkarte nur von Hinfahrt zu ...
Ich möchte bitte eine Hinfahrkarte nach ...

Die folgenden Formulierungen bedeuten alle „trampen":

pedir cola	*bitten Schlange*
hacer dedo	*machen Finger*
hacer auto stop	*machen Auto stopp*

Im eigenen oder gemieteten Auto

el peaje	Autobahngebühr
la gasolinera, el grifo *(Per)*, **la bomba** *(Car)*	Tankstelle
el accidente (de tránsito)	(Verkehrs-)Unfall
el taller	Werkstatt
el garaje	Garage
remolcar	abschleppen

la grúa	Abschleppwagen
el eje	Achse
empujar	anschieben
el tubo de escape	Auspuff
la batería	Batterie
la gasolina	Benzin
los frenos *(Pl)*	Bremsen
el líquido de frenos	Bremsflüssigkeit
el agua destilada	destilliertes Wasser
la empaquetadura, la empacadura	Dichtung
el gásoil	Diesel
el repuesto	Ersatzteil
el chasís	Fahrgestell
el acelerador	Gaspedal
la velocidad limitada	Geschwindigkeitsbegrenzung
la transmisión, el diferencial	Getriebe
el bombillo	Glühbirne
los cables *(Pl)*	Kabel
la carrocería	Karosserie
la correa	Keilriemen
la maletera	Kofferraum
el radiador	Kühler
el embriague	Kupplung
el timón, el volante	Lenkrad
las luces *(Pl)*	Lichter
el dinamo	Lichtmaschine
el aire	Luft
la máquina	Maschine
el mecánico	Mechaniker

alquilar, arrendar	mieten
el motor	Motor
el capó	Motorhaube
el aceite	Öl
la avería	Panne
la bomba	Pumpe
el recibo	Quittung
la rueda	Rad
la llanta, el caucho *(Ven)*	Reifen
el pinchazo	Reifenpanne
la reparación	Reparatur
el tanque de reserva	Reservekanister
los cambios *(Pl)*	Schaltung
los vidrios *(Pl)*	Scheiben
la manguera	Schlauch
las llaves *(Pl)*	Schraubenschlüssel
el destornillador	Schraubenzieher
los fusibles *(Pl)*	Sicherung
el espejo	Spiegel
el amortiguador	Stoßdämpfer
los parachoques *(Pl)*	Stoßstange
la corriente	Strom
la puerta	Tür
el accidente, el choque	Unfall
el ventilador	Ventilator
el seguro	Versicherung
el distribuidor	Verteiler
el gato	Wagenheber
el agua	Wasser
el taller	Werkstatt

las herramientas *(Pl)*	Werkzeug
la bujía	Zündkerze

¿Cuándo está listo?
Wann ist es fertig? *(das Auto)*

In der Stadt

la avenida (principal)	(Haupt-)Allee
la extranjería	Ausländeramt
la autopista	Autobahn
la carretera	Autostraße
la biblioteca	Bibliothek
la cuadra, el bloque	Block
la embajada	Botschaft
la librería	Bücherladen
el pueblo	Dorf, Volk
la esquina	Ecke
la galería (de arte)	(Kunst-)Galerie
el jardín	Garten
el callejón	Gasse
el edificio	Gebäude
la capital	Hauptstadt
la casa	Haus
en la ciudad	in der Stadt
el cine	Kino
el kiosco, la bodega, la tienda	Kiosk, Laden
la iglesia	Kirche
el consulado	Konsulat

el mercado, la feria	Markt
el museo	Museum
público	öffentlich
el parque	Park
la plaza, el zócalo *(Mit)*	Platz
el público	Publikum
la agencia de viajes	Reisebüro
la villa miseria *(Süd)*, **los asentamientos humanos** *(Per)*	Slum
el rancho *(Car)*	Slumhütte
el tugurio	innerstädt. Slum
el bloque	Sozialbau
el barrio, la zona *(Bol)*	Stadtteil
la calle	Straße
el teatro	Theater
cruzar	überqueren
la universidad	Universität
la lavandería	Waschsalon
la tintorería	chemische Reinigung
el camino	Weg
la urbanización	Wohnbezirk
la residencia	Wohnhaus
el zoológico	Zoo

¿Cómo llego al teatro nacional?
wie (ich-)ankomme zu-der Theater national
Wie komme ich zum Nationaltheater?

¿Dónde hay una lavandería?
wo es-gibt eine Wäscherei
Wo gibt es einen Waschsalon / Wäscherei?

¿Donde hay un abasto por aquí?
wo (es-)gibt ein Versorgungsmarkt durch hier
Wo gibt es hier einen Lebensmittelladen?

¿Donde hay un (super)mercado por aquí?
wo (es-)gibt ein (Super)Markt durch hier
Wo gibt es hier einen (Super)Markt?

¿Dónde está la calle ... ?
wo (sie-)ist die Straße ...
Wo ist die ...-Straße?

¿Está lejos?
(es-)ist weit
Ist es weit?

¿Es peligroso pasear por allí?
(es-)ist gefährlich spazieren durch dort
Ist es gefährlich, dort spazieren zu gehen?

¿Hay un colectivo al zoológico?
es-gibt ein Kollektiv zu-der Zoo
Gibt es einen Kleinbus zum Zoo?

¿De dónde sale?
von wo (er-)abfährt
Wo fährt er ab?

¿Dónde lo puedo tomar?
wo ihn (ich-)kann nehmen
Wo kann ich ihn nehmen?

¿Cuál es el precio normal?
welcher ist der Preis normal
Wie hoch ist der normale Preis?

Auf dem Lande

Alle Klimazonen sind in Lateinamerika vertreten, vom Dschungel über Wüste bis zum Ewigen Eis. Ich empfehle eine sorgfältige Vorbereitung auf die Reise und angemessene Kleidung. Wer vorhat, das Land mit Wanderschuhen zu erkunden, sollte sich langsam an die Höhe gewöhnen, um nicht an der Höhenkrankheit **(soroche)** zu erkranken.

Hier die wichtigsten Landschaftsbezeichnungen zwischen Bergen, Urwald und Küste.

el árbol	Baum
la montaña, el cerro	Berg
la punta de la montaña	Bergspitze
la flor	Blume, Blüte
el médano, la duna	Düne
la hacienda	Farm
el campo	Feld, Land
las vacaciones	Ferien
el llano	Flachland
el río	Fluss
la cordillera, la sierra	Gebirgskette
peligro	Gefahr
la pampa	Grasebene
la meseta	Hochebene
el altiplano	Hochland
la cueva	Höhle
la cabaña	Hütte
la isla	Insel
la costa	Küste

el mar	Meer
la ola	Welle
la planta	Pflanze
la sombra	Schatten
la piscina	Schwimmbecken
el lago, la laguna	See
la salida del sol, la aurora *(w)*	Sonnenaufgang
la puesta del sol, el crepúsculo	Sonnenuntergang
el paseo	Spaziergang
la playa	Strand
la arena	Sand
el valle	Tal
el animal	Tier
la selva	Urwald
cuidado	Vorsicht
el volcán	Vulkan
el bosque	Wald
la catarata, el salto, la cascada	Wasserfall
el norte	Norden
el sur	Süden
el este, el oriente	Osten
el oeste, el occidente	Westen

Die Bezeichnungen **occidente** und **oriente** stehen oftmals für die West- bzw. Ostregionen der einzelnen Länder. Insbesondere in den Anden-Ländern versteht man unter **Oriente** dann die flache Urwaldregion des Amazonas.

bajar	absteigen, hinabgehen
bañarse, tomar un baño *(nehmen ein Bad)*	baden
peligroso	gefährlich
caminar, pasear	gehen, spazierengehen
subir	hinaufgehen, (ein)steigen
nadar	schwimmen
tomar sol *nehmen Sonne*	sich sonnen
contaminado	verschmutzt

Hace calor.
(es-)macht Hitze
Es ist heiß.

Hace frío.
(es-)macht kalt
Es ist kalt.

Hace fresco.
(es-)macht frisch
Es ist frisch.

¿Conoce Usted un guía para la selva?
(er-/sie-)kennt Sie ein Führer für die Urwald
Kennen Sie einen Führer für den Urwald?

¿Cómo se llama este río y este salto?
wie sich (er-)ruft dieser Fluss und dieser Wasserfall
Wie heißt dieser Fluss und dieser Wasserfall?

¿Hay animales peligrosos?
es-gibt Tiere gefährliche
Gibt es gefährliche Tiere?

¿Dónde puedo hacer un paseo por aquí?
wo (ich-)kann machen ein Spaziergang durch hier
Wo kann ich hier einen Spaziergang machen?

¿Me puedo bañar en este río?
mich (ich-)kann baden in dieser Fluss
Kann ich in diesem Fluss baden?

In Lateinamerika gibt es einige sehr giftige und gefährliche Tiere. Nur wenige greifen den Menschen direkt an, die meisten Vorfälle finden eher durch Unachtsamkeit statt. Sich gegen Moskitos zu schützen ist unbedingt zu empfehlen.

la culebra, la serpiente	Anaconda, Schlange
el caimán	Krokodil
las pirañas *(Ven)*	Piranhas
las ratas	Ratten
el escorpión	Skorpion
la chinche	Wanze
la rana, el sapo *(Amaz)*	Frosch
el jaguar	Jaguar (trop. Regenwald)

Brücke in Banos Santa Agua, Ecuador

Übernachten

Das Internet macht es möglich, Unterkünfte in allen Variationen zu bekommen. Und da, wo es kein Netz gibt, fragt man die Menschen. Trinkgelder sind selbstverständlich.

Wichtig: Das Klopapier kommt in den Mülleimer!

el baño	Bad
la cama	Bett
el cubrecama, la sábana	Bettlaken
la cobija, la frazada *(And)*	Decke
depositar	deponieren
la ducha	Dusche
libre	frei
el terreno de acampar	Grundstück zum Campen
la toalla	Handtuch
el hotel	Hotel
el hostal	einfacheres Hotel
la habitación	Hotelzimmer
la información	Information
la almohada	Kopfkissen
el paño	Lappen
con desayuno	mit Frühstück
el mosquitero	Moskitonetz
la posada *(Ven)*	Pension
la pensión (residencial)	Pension
el puesto	Platz
el precio	Preis

limpiar	sauber machen
dormir*	schlafen
dormitorio	Schlafzimmer
la llave	Schüssel
el jabón	Seife
el alojamiento	Unterkunft
asegurar	versichern
la ropa	Wäsche
lavar	waschen
el agua *(w)*	Wasser
la tienda de campaña, la carpa	Zelt
el cuarto, la pieza	Zimmer, Raum

¿Conoce Usted un hotel barato?
(er-/sie-)kennt Sie ein Hotel billig
Kennen Sie ein preiswertes Hotel?

¿Dónde hay un terreno de acampar?
wo es-gibt ein Terrain von kampieren
Wo gibt es einen Campingplatz?

¿Puedo acampar en su terreno?
(ich-)kann kampieren in sein/ihr Terrain
Kann ich auf Ihrem Grundstück zelten?

¿Tiene una habitación libre?
(er-/sie-)hat eine Zimmer frei
Haben Sie ein Zimmer frei?

¿Puedo ver la pieza?
(ich-)kann sehen die Zimmer
Kann ich das Zimmer sehen?

Sólo para esta noche.
Nur für diese Nacht.

Disculpe la molestia.
(er-/sie-)entschuldige die Belästigung
Entschuldigen Sie die Störung.

Haus

el baño, el watercIo	Bad, WC
la cama	Bett
el cuadro	Bild
el comedor	Esszimmer
el pasillo	Flur
el jardín	Garten
en la casa	im Haus
el patio	Innenhof
la vela	Kerze
el huerto	Kleingarten
la cocina	Küche, Herd
la nevera, la heladera, la refrigeradora	Kühlschrank
la lámpara	Lampe
la luz	Licht
el dormitorio	Schlafzimmer
el sillón, la butaca	Sessel
la silla	Stuhl
la terraza	Terrasse
la mesa	Tisch
la escalera, la escala	Treppe
la puerta	Tür

la sala	Wohnzimmer
el cuarto, la pieza	Zimmer, Raum

Familie

la familia	Familie
bebé, nene, guagua *(And)*	Baby
el padre, el papá	Vater
la madre, la mamá	Mutter
el hermano	Bruder
la hermana	Schwester
el hijo	Sohn
la hija	Tochter
el tío	Onkel
la tía	Tante
el sobrino	Neffe
la sobrina	Nichte
el suegro	Schwiegervater
la suegra	Schwiegermutter
el yerno	Schwiegersohn
la nuera	Schwiegertochter
el nieto	Enkel
la nieta	Enkelin
el abuelo	Opa
la abuela	Oma
bisabuelo	Uropa
bisabuela	Uroma
el tatarabuelo	Ururopa
la tatarabuela	Ururoma
tatara-tatara...	Ururur-...

joven	jung
viejo	alt
el joven	Junge
la joven	Mädchen
el muchacho, el chico, el niño	Junge
la muchacha, la chica, la niña	Mädchen
el chango, el pelado	Kind, Junge *(Bol)*
el sardino *(Kol)*	Junge
la sardina *(Kol)*	Mädchen
la chola	bolivianische Indígena-Frau
la imilla, la cholita	junge bolivianische Indígena-Frau
el viejo / la vieja	Alter / Alte
el negro / la negra	Mann / Frau mit dunkler Haut
el blanco / la blanca	Mann / Frau mit heller Haut
el moreno / la morena	Mann / Frau mit mittlerem Hauttyp

In Peru steht **cholo** bzw. **chola** für an die spanische Kultur assimilierte **indígenas** sowie für Menschen mit indigenem Anteil. Heutzutage wird dies auch als ironische Selbstbezeichnung für einen „echten Peruaner aus dem Volk" verwendet (aber nur von den Peruanern selbst!).

Essen und Trinken

Am besten sprechen Sie den Kellner oder die Kellnerin mit **señor** bzw. **señora / señorita** an.

la fuente de soda	Imbiss, Restaurant
el chifa *(Per, Bol)*	China-Lokal (in Peru sehr häufig)
el restaurante	Restaurant
el menú, la carta	Speisekarte
el mozo, el garzón	Kellner
mesonero/-a	Kellner/-in
pagar	bezahlen
la cuenta	Rechnung
comer	essen
la comida	das Essen
el desayuno	Frühstück
el almuerzo	Mittagessen
la merienda, la once *(Chi)*	Nachmittagsbrot, Vesper
la cena	Abendessen
la entrada	Vorspeise
el (primer) plato	(erster) Gang; Teller
la sopa	Suppe
el postre	Nachtisch
el cuchillo	Messer
el tenedor	Gabel
la cuchara	Löffel
la cucharilla	Teelöffel
caliente	heiß
tibio	lauwarm
frío	kalt
hervido	gekocht
frito	gebraten
rico, sabroso	lecker
recomendable	empfehlenswert

¡Buen provecho!
Guten Appetit!

¡Buen apetito!
Guten Appetit!

Trinken und Getränke

beber	trinken
tomar	nehmen, trinken
la bebida	Getränk
el vaso	Glas
la taza	Tasse
la garrafa, la jarra	Kanne
el agua potable	Trinkwasser
el agua mineral, la soda	Mineralwasser
el té	Tee
el café negro	Kaffee schwarz
sin azúcar	ohne Zucker
con (mucha) leche	mit (viel) Milch
el cacao	Kakao
el hielo	Eis
la botella	Flasche
la chicha *(Per)*	Maisbier der Indígenas
la chicha *(Ven)*	Reismilch
la chicha *(Chi)*	Federweißer
la cerveza	Bier
el vino tinto	Rotwein
el vino blanco	Weißwein
el pisco sour	peruanischer Nationalcocktail

el singani *(Bol)*	Weintraubenschnaps
el mate *(And)*	Mate-Tee
el jugo de …	…-Saft
el agua de coco (con carne)	Kokosnusswasser (mit Kokosfleisch)
la batida, la merengada *(Ven)*	Milchshake
la gaseosa, el refresco	Sprudel (mit Geschmack), Limo

In Peru und Bolivien trinkt man den bei uns illegalen (aber garantiert harmlosen) **mate de coca** aus Coca-Blättern als Heilmittel gegen die Höhenkrankheit. Es gibt ihn sogar abgepackt in Teebeuteln. In Argentinien, Paraguay und Uruguay trinkt man hingegen **mate** oder **verde** aus den koffeinhaltigen Blättern des Matestrauchs **(yerba mate),** traditionell aus einer Kalabasse (Kürbis) und mit einem silbernen Trinkrohr **(bombilla).**

Fisch

el pez	(lebender) Fisch
el pescado	(gefangener) Fisch
la ostra	Auster
la trucha	Forelle
el cazón, el tiburón	Hai
el cangrejo	Taschenkrebs, Krabbe
el camarón	Garnele
la langosta	Languste
las almejas	(Venus-)Muscheln
la piraña	Piranha
el pescado de agua salada	Salzwasserfisch

el pescado de agua dulce	Süßwasserfisch
el calamar	Tintenfisch

Fleisch

la carne de ...	...-Fleisch
... cerdo	... Schweine-
... ternero	... Kalbs-
... pollo	... Hühner-
... pato	... Enten-
el hígado, la pana *(Chi)*	Leber
el corazón	Herz
la salchicha	Würstchen
el jamón	Schinken
el caldo de gallina	Hühnersuppe

Grundnahrungsmittel, Gemüse, Gewürze

la palta, *(Chi)* **el aguacate** *(Mex, Mit, Ven)*	Avocado
el coliflor	Blumenkohl
los frijoles, los porotos *(Chi),* **las caraotas** *(Ven)*	Bohnen
el pan (integral)	(Vollkorn-)Brot
el huevo	Ei
la verdura	Gemüse
el pepino	Gurke
la avena	Hafer
las papas	Kartoffeln
el queso	Käse

el repollo	Kohl
la lechuga	Kopfsalat
el berro	Kresse
el zapallo, la calabaza	Kürbis
las lentejas	Linsen
el maíz, el choclo *(And)*, **el jojoto** *(Car)*	Mais
la acelga	Mangold
la zanahoria	Mohrrübe
la pasta, los espaguetis, los fideos	Nudeln
sin carne	ohne Fleisch
la tortilla	Omelett
los palmitos	Palmherzen
las papas fritas	Pommes frites
el arroz	Reis
la betarraga, la remolacha	Rote Bete
la ensalada (mixta, surtida)	Salat (gemischt)
la espinaca	Spinat
el camote, la batata *(Car)*	Süßkartoffel
vegetariano	vegetarisch
el trigo	Weizen
la cebolla	Zwiebel
la mantequilla	Butter
el vinagre	Essig
los condimentos	Gewürze
la miel	Honig
el ajo	Knoblauch
el comino	(Kreuz-)Kümmel

la margarina	Margarine
la mayonesa	Mayonnaise
el aceite	Öl
el orégano	Oregano
el ají	Peperoni, Chili; Paprika *(Arg)*

In den Anden-Ländern ist **ají** eine etwas andere Pflanzenart als der mexikanische (und thailändische) **chile.** Beide sind scharf, aber **ají** ist häufig cremiger.

el perejil	Petersilie
pimienta	Pfeffer
la sal	Salz
el cebollín	Schnittlauch
la mostaza	Senf
la salsa (de tomate / soya)	Soße (Tomaten- / Soja-)
la canela	Zimt
el limón	Zitrone
el azúcar	Zucker
ácido	sauer
dulce	süß
picante	scharf

Früchte und Süßigkeiten

la piña	Ananas
la manzana	Apfel
el albaricoque, el damasco *(Chi, Per)*	Aprikose

la banana, el guineo, el plátano	Banane
los tostones, los chifles	Bananenchips
la pera	Birne
el caramelo	Bonbon
la chirimoya	Cherimoya
la fresa	Erdbeere
el maní	Erdnüsse
la fruta	Frucht
la ensalada de frutas	Fruchtsalat
el raspado	geraspeltes Eis mit geliertem Überguss
la toronja, el pomelo	Grapefruit
la guayaba	Guave
el melón	Honigmelone
la goma de mascar, el chicle	Kaugummi
las galletas	Kekse
la cereza	Kirsche
el plátano (de isla), el cambur *(Ven)*	Kochbanane
el coco	Kokosnuss
la torta *(Chi)*	Kuchen
el pastel	Kuchenstück
la mandarina	Mandarine
el mango	Mango
el maracuyá, la parchita *(Ven)*	Maracuja
las nueces	Nüsse
la naranja	Orange
la papaya	Papaya
el panqueque	Pfannkuchen

el durazno	Pfirsich
la ciruela	Pflaume
las cotufas *(Ven)*, **el pochoclo** *(Arg)*	Popcorn
el membrillo	Quitte
el chocolate	Schokolade
el helado	Speiseeis
la guanábana	Stachelannone
la sandía, la patilla *(Car)*	Wassermelone
el limón	Zitrone, Limette

Typische Gerichte

cazuela *(Chi)*	Eintopf mit „allem“
pastel de choclo *(Chi)*	Maisauflauf
pabellón criollo *(Ven)*	Reis, schwarze Bohnen, Fleisch und Kochbananen
paella, arroz a la valenciana	Paella *(Reisgericht*, eigentlich spanisch)
anticucho *(Per, Bol)*	Rinderherzspieß
empanada *(Süd, Chi)*	gefüllte Mais- oder Weizen-teigtasche
arepa *(Col, Ven)*	Maisbrötchen
cebiche, ceviche *(Per)*	in Limonensaft kalt gegarter Fisch*

* Der Fisch wird durch die Säure tatsächlich gar: er verändert seine Textur so wie beim Kochen, nur dass dies hier nicht durch Hitze geschieht.

palta rellena, aguacate relleno	gefüllte Avocados
parrilla mixta	gemischtes Fleisch vom Grill
locro *(And, Chi)*	Kartoffel-Mais-Eintopf
la hamburguesa	Hamburger
el perro caliente *der Hund heiß*	Hotdog

¿Qué recomienda?
was (er-/sie-)empfiehlt
Was empfehlen Sie?

¿Qué es eso?
was (es-)ist dieses
Was ist das?

Yo quiero tomar vino.
ich (ich-)will nehmen Wein
Ich möchte Wein trinken.

Yo quiero comer ...
ich (ich-)will essen ...
Ich möchte ... essen.

Dieses Kapitel zum Anhören: siehe Seite 192

Por favor, no muy picante.
durch Gefallen nicht sehr scharf
Bitte nicht zu scharf.

¡Buen provecho!
guter Nutzen
Wohl bekomm's! / Guten Appetit!

¡Salud!
Gesundheit
Prost!

Señor / Señora / Señorita, la cuenta, por favor.
Herr / Frau / Fräulein die Rechnung durch Gefallen
Herr Ober / Fräulein, die Rechnung, bitte.

Kaufen und Handeln

Läden sind in Lateinamerika vielfach noch „Tante-Emma-Läden" an der Straßenecke. Moderne Supermärkte und Shopping Malls sind aber in den Großstädten, besonders in den gehobenen Wohnvierteln, allgegenwärtig. Auf dem Land und in kleinen Vierteln gibt es die **abastos** (Versorgungsmärkte; leider nicht überall).

In Südamerika ist das Handeln, abgesehen von modernen Geschäften, üblich. Dazu gehört vor allem Ruhe und Gelassenheit, Freundlichkeit und Verständigungsbereitschaft. Sie sollten sich gewisse Preiskenntnisse aneignen, aber auch akzeptieren, dass jeder Käufer nach seinem Geldbeutel bezahlen muss. Deshalb versteht sich von selbst, dass Sie nicht mit dem Protzgehabe und der Überheblichkeit eines **Gringos** (oder auch Europäers) auftreten. Sollten Sie sich nicht einigen können, so seien Sie gelassen genug, auf die Sache zu verzichten. Meistens läuft Ihnen der Händler hinterher und macht noch ein besseres Angebot.

Da viele Verkäufer eher „Quereinsteiger" sind, können die Informationen zu den Produkten, die sie verkaufen, einiges an kreativem Halbwissen beinhalten.

el precio (fijo)	(fester) Preis
probar	anprobieren
encargar	bestellen
ofrecer	bieten
la rebaja	Ermäßigung
exportar	exportieren
la fábrica	Fabrik
el color	Farbe

la ganga, la oferta	Gelegenheitskauf, Angebot
el negocio, la tienda	Geschäft
el comercio	Handel
comerciar	handeln
abierto	geöffnet
cerrado	geschlossen
hecho a mano	handgemacht
importar	importieren
la industria	Industrie
comprar	kaufen
el comprador	Käufer
la artesanía	Kunsthandwerk
hacer	machen
la marca	Marke
más – menos	mehr – weniger
la cantidad	Menge
la imitación, bamba *(Per)*	Imitation, nachgemacht
sólo ver	nur sehen
precolombino	präkolumbianisch
barato	preiswert
la calidad	Qualität
de segunda, cachina *(And)*	Second-Hand
muy caro	sehr teuer
el impuesto	Steuer
cambiar	tauschen
negociar	verhandeln
vender	verkaufen
el vendedor	Verkäufer
mucho	viel

Vorsicht mit dem Wort **cachina** in Lima und anderen peruanischen Großstädten: Es kann sich dort auch auf Hehlerware von sogenannten Diebesmärkten (und auf diese Märkte selbst) beziehen!

¿Cuánto cuesta?
wie-viel (es-)kostet
Wie viel kostet es?

Waren

la joya	Schmuck
el oro	Gold
la plata	Silber
la piedra preciosa	Edelstein
la cerámica	Keramik
la lana de alpaca	Alpakawolle
el algodón	Baumwolle
el cuero	Leder
la piel	Fell, Haut
la calabaza (tallada)	Kürbis *(geschnitzt)*
las telas	Stoffe
la hamaca, el chinchorro *(Col, Ven)*	Hängematte
la ropa	Wäsche
el poncho, la ruana *(Col, Ven)*	Poncho
la camisa	Hemd
el vestido	Kleid
la falda	Rock
el sombrero	Hut
la gorra	Mütze

la madera	Holz
la máscara	Maske
la pintura	Gemälde, Farbe
el hueso	Knochen
el fósil	Fossil
los zapatos	Schuhe
las sandalias	Sandalen
la cartera	Tasche
el instrumento (musical)	Musikinstrument

¿Cuánto cuesta este / esta ... ?
wie-viel kostet dieser / diese ...
Wie viel kostet dieser / diese / dieses ... ?

Quiero comprar algo ...
(ich-)will kaufen etwas ...
Ich möchte etwas ... kaufen.

¡Es muy caro!
(es-)ist sehr teuer
Das ist sehr teuer!

Soy estudiante y no tengo dinero.
(ich-)bin Student und nicht (ich-)habe Geld
Ich bin Student und habe kein Geld.

Quiero probar este / esta ...
(ich-)will probieren dieser / diese ...
Ich möchte diesen / diese ... anprobieren.

¿Quiere cambiar conmigo esto por esto?
(er-/sie-)will wechseln mit-mir dies für dies
Wollen Sie mit mir tauschen, dies gegen dies?

¿Me lo da más barato?
mir es (er-/sie-)gibt mehr billig
Geben Sie es mir billiger?

¿Dónde está hecho esto?
wo (es-)ist gemacht dieses
Wo ist das gemacht worden?

Dieses Kapitel zum Anhören: siehe Seite 192

Fotografieren

Zum Fotografieren von Personen oder deren Besitz holen Sie sich deren Einwilligung. Das sollte selbstverständlich sein.

Fotografieren Sie auf keinen Fall Militär, Polizei, Kasernen und ihre Anlagen!

la cámara	Fotoapparat
la cámara digital	Digitalkamera
la cámara de video	Videokamera
el objetivo	Objektiv
el flash	Blitz(licht)
el tripié, el trípode	Stativ
la foto, la fotografía	Foto
sacar / tomar / hacer una foto	fotografieren
filmar	filmen
el chip de memoria	Speicherchip
la copia	Abzug

¿Permiso, puedo fotografiar su casa?
Erlaubnis (ich-)kann fotografieren sein/ihr Haus
Erlauben Sie, darf ich Ihr Haus fotografieren?

Puede tomarnos una foto?
(er-/sie-)kann nehmen-uns eine Foto
Könnten Sie ein Foto von uns machen?

Krank sein

Um lästigen Darminfektionen vorzubeugen, sollte man darauf achten, alle Speisen nur gekocht zu sich zu nehmen. Auch Speiseeis kann zu einer Darminfektion führen! Vor allem sollte man kein Leitungswasser trinken und auch auf Eiswürfel verzichten.

Eine Reiseapotheke ist Pflicht. Bei längerem Aufenthalt in einer Gegend kann es grundsätzlich nicht schaden, sich vorher ein Bild der Gesundheitsversorgung der Gegend zu machen: Wo sind Apotheken Kliniken, Krankenhäuser, Ärzte? Je ärmer die Gegend, desto prekärer die Ausstattung. Alles ist kostenpflichtig und meistens auch in Dollar und teuer zu bezahlen.

el doctor / la doctora	Arzt / Ärztin
el médico de guardia	Notarzt
el dentista	Zahnarzt
llamar	(an)rufen
necesitar	benötigen
peligroso	gefährlich
importante	wichtig
urgente	eilig, dringend

el accidente	Unfall
la ambulancia	Rettungswagen
la Cruz Roja	das Rote Kreuz
la farmacia	Apotheke
los medicamentos	Medikamente
la clínica, el hospital	Krankenhaus
el diagnóstico	Diagnose
el tratamiento	Behandlung
el certificado	Bescheinigung
la infección	Infektion
la salud	Gesundheit
el enfermo / la enferma	(der / die) Kranke

Körperteile

la pierna	Bein
la cabeza	Kopf
el brazo	Arm
el estómago	Magen
los nervios	Nerven
los músculos	Muskeln
los dientes	Zähne
los ojos	Augen
los oidos	Ohren

Beschwerden und Krankheiten

la alergia	Allergie
la insolación	Sonnenstich
la presión	Blutdruck

la circulación	Kreislauf
la droga	Droge
la inyección	Spritze
la fractura	Knochenbruch
la herida	Wunde
la gripe	Grippe
la tos	Husten
el resfriado, el catarro	Erkältung
la fiebre	Fieber
la diarrea	Durchfall
la obstrucción	Verstopfung
el dolor de ...	...-Schmerzen
el mal de altura, el soroche *(And)*	Höhenkrankheit
vomitar	erbrechen
el mareo	Übelkeit
la cólera	Cholera
la diarrea	Durchfall
la malaria	Malaria
el tifus	Typhus
la fiebre amarilla	Gelbfieber
la picada de insecto	Insektenstich
la picada de culebra	Schlangenbiss

Medikamente

el tranquilizante	Beruhigungsmittel
el desinfectante	Desinfektionsmittel
las pastillas	Tabletten, Pastillen
las gotas	Tropfen

el antimicótico	Antimykotikum
el antialérgico	Antiallergikum
el antibiótico	Antibiotikum
el analgésico	Schmerzmittel

Necesito ...
(ich-)brauche ...
Ich brauche ...

Necesito unas gotas contra el dolor de ...
(ich-)brauche einige Tropfen gegen der Schmerz von
Ich benötige Tropfen gegen die ...-Schmerzen.

¡Por favor, llame un médico!
durch Gefallen (er-/sie-)rufe ein Arzt
Bitte rufen Sie einen Arzt!

¡Es urgente!
(es-)ist dringend
Es ist dringend!

¿Dónde le duele?
wo ihm/ihr (es-)schmerzt
Wo tut es Ihnen weh?

¡Me duele aquí!
mir (es-)schmerzt hier
Hier tut es weh!

Estoy embarazada.
(ich-)bin Schwangere
Ich bin schwanger.

Soy diabética/o.
(ich-)bin Diabetiker/in
Ich bin Diabetiker/in.

Die Arztrechnungen müssen Sie bar bezahlen. Lassen Sie sich eine Quittung für die Versicherung geben, denn ohne diese werden Sie keine Kosten erstattet bekommen.

Necesito un recibo y un certificado de diagnóstico para mi seguro.
(ich-)brauche ein Quittung und ein Zertifikat von Diagnose für meine Versicherung
Ich benötige eine Quittung und ein Attest für meine Versicherung.

Ämter und Behörden

Bürokratie und Überheblichkeit sind besondere Merkmale der Behörde, nicht nur in Südamerika. Behördengänge sowie Polizei- oder Militärkontrollen sind so unterschiedlich, dass es kein Patentrezept für einen positiven Ausgang gibt. Obwohl gut gekleidete Europäer, die höflich auftreten, oftmals mehr erreichen als Einheimische, wird der Behördenbesuch in der Regel alles andere als einfach.

la solicitud	Antrag
la extranjería	Ausländeramt
el ministro del exterior	Außenminister
el funcionario (público)	Beamter
necesitar	benötigen, brauchen
la reclamación	Beschwerde
la embajada	Botschaft
el alcalde	Bürgermeister
la alcaldía	Bürgermeisteramt

la oficina de …	…-Büro
urgente	eilig
la autorización	Genehmigung
el gobernador	Gouverneur
el ministro del interior	Innenminister
el consulado	Konsulat
el ministro	Minister
el abogado	Rechtsanwalt
importante	wichtig
la aduana	Zoll

Korruption ist in Lateinamerika allgegenwärtig. Nahezu jeder schimpft heftigst über die Korruption, aber die gleiche Person sagt zu einem: wenn du ein Dokument (Führerschein oder sonstige Papiere) brauchst, ich kenne da jemand in der Behörde, ich kann dir helfen“. Nein, das ist keine Korruption, das ist ein bezahlter Freundschaftsdienst. Trotzdem versuchen Sie bitte nie, einen Beamten zu bestechen! Wappnen Sie sich mit viel Geduld und vergessen Sie nicht: „Der Chef hat immer Recht.“
Die wenigen Male, wo ich unter Druck stand und mein Anliegen zu scheitern drohte, habe ich folgende Register gezogen:

Kein Mensch hat etwas Positives für einen Beamten, Polizisten oder Militär übrig, daher hatte ich das Gefühl, wenn ich sie lobe, Verständnis für ihre komplizierte Arbeit zeige und dabei mein Anliegen vortrage, wächst meine Chance, dass sie sich öffnen, zuhören und mein Anliegen bearbeiten.

Si, usted tiene razón.
Ja, Sie haben Recht.

¿Qué necesito?
was (ich-)benötige
Was benötige ich?

Normalerweise wird einem dann eine Lösung aufgezeigt, wie sich das regeln lässt.

Ausfüllen von Formularen

la dirección	Adresse
la edad	Alter
la salida	Ausreise, Ausgang
el carnet	Ausweis
la profesión	Beruf
el certificado	Bescheinigung
la fecha	Datum
registrar	durchsuchen, eintragen
la entrada	Einreise *(Eingang)*
el pasaje	Fahrkarte
el vencimiento	Fälligkeit
el apellido	Familienname
el estado civil	Familienstand
el boleto de viaje	Flugticket
la licencia de conducir	Führerschein
el nacimiento	Geburt
la razón del viaje	Grund der Reise
la duración del viaje	Dauer der Reise
la validez	Gültigkeit
la vacunación	Impfung
el país	Land
el número	Nummer
el lugar	Ort
el pasaporte	Pass
la identificación	Personalien

la religión	Religion
el estado	Staat, Bundesland
la nacionalidad	Staatsangehörigkeit
la ciudad	Stadt
el carnet de estudiante	Studentenausweis
la firma	Unterschrift
la prórroga	Verlängerung
la visa	Visum
el nombre	Vorname
el domicilio	Wohnort

¿Me sustituyen el daño?
mir (sie-)ersetzen der Schaden
Ersetzt man mir den Schaden?

Quiero hablar con el jefe.
(ich-)will sprechen mit der Chef
Ich möchte mit dem Chef sprechen.

Quiero prorrogar mi visa.
(ich-)will verlängern meine Visum
Ich möchte mein Visum verlängern lassen.

¿Cuáles documentos necesito?
welche Dokumente (ich-)brauche
Welche Dokumente benötige ich?

No he sabido nada sobre esto.
nicht (ich-)habe gewusst nichts über dieses
Ich habe nichts darüber gewusst.

¡Es de uso personal!
(es-)ist von Gebrauch persönlich
Das ist für den Eigenbedarf!

¿Me puede dar un recibo?
mir (er-/sie-)kann geben ein Quittung
Können Sie mir eine Quittung geben?

Bei der Polizei

Bei Dokumentenverlust oder wenn Sie eine Diebstahlbescheinigung für Ihre Reiseversicherung benötigen, ist eine Visite bei der Polizei unumgänglich.

la denuncia	Anzeige
denunciar	anzeigen
los documentos	Dokumente
detener	festnehmen
el monedero	Geldbeutel
la porra	Knüppel
la maleta, la valija	Koffer
el cuchillo	Messer
el oficial	Offizier *(Polizei)*
la pistola	Pistole
la policía – el policía	Polizei – Polizist
la comisaría, la jefatura	Polizeirevier
el robo	Raub, Diebstahl
el ladrón	Räuber
la llave	Schlüssel
el soldado	Soldat
el palo	Stock

la patrulla	Streife
la cartera	Tasche
el asalto, el atraco	Überfall
el delincuente	Verbrecher
la violación	Vergewaltigung
el seguro	Versicherung
el guardia	Wache
el militar	Militär
los pacos *(Chi, Car)*, **los canas** *(Arg)*	„Bullen“
los milicos *(And)*	Militär *(abfällig)*

Finden Sie sich damit ab, dass Ihnen Gestohlenes von den Behörden nicht wiederbeschafft werden kann. Andererseits gibt es informelle, aber allgemein bekannte Diebesmärkte, wo man mit viel Glück seine gestohlenen Gegenstände wieder zurückkaufen kann.

Me han robado.
mir (sie-)haben gestohlen
Ich wurde bestohlen.

¡Soy alemán/-a!
(ich-)bin deutsch(m/w)
Ich bin Deutsche/r!

¡Por favor, ayuda!
durch Gefallen Hilfe
Helfen Sie mir bitte!

Quiero registrarme.
(ich-)will registrieren-mich
Ich möchte mich registrieren lassen.

¡Yo soy inocente!
ich bin unschuldig
Ich bin unschuldig!

¡Yo no he hecho nada!
ich nicht (ich-)habe gemacht nichts
Ich habe nichts getan!

Bank und Post

Geld wechseln kann man bei Banken, Wechselstuben, in großen Hotels und privat. Es ist von Vorteil, US-Dollars mitzunehmen, da diese überall getauscht werden. Alle sind an **dólares** interessiert und bieten auch privat einen guten Wechselkurs.

Wechselstuben bieten in der Regel den besseren Kurs als Banken und sind meistens auch länger geöffnet. Auf dem Schwarzmarkt gibt es weitaus bessere Kurse, aber auch mehr Gefahren. Außerdem gibt es heute fast überall Geldautomaten. Dort sollte man aber Vorsicht walten lassen – es kommt immer wieder zu Raubüberfällen nach dem Geldabheben auf offener Straße. Sicherer sind eventuell Geldautomaten innerhalb von Banken und Supermärkten. Achten Sie aber trotzdem darauf, dass Sie nach dem Abheben niemand verfolgt!

Bank

el dinero (efectivo)	Bargeld
la sucursal	Filiale
el formulario	Formular
el cajero automático	Geldautomat

cobrar	kassieren
el sencillo – el cambio	Klein – Wechselgeld
la tarjeta de crédito *die Karte von Kredit*	Kreditkarte
las monedas	Münzen
la clave	PIN-Nummer
el recibo, el comprobante	Quittung
el cheque viajero *der Scheck Reise-*	Reisescheck
los billetes	Scheine
la transferencia, el giro	Überweisung
el curso de cambio / cambiario *der Kurs von Wechsel*	Wechselkurs
cambiar	wechseln, tauschen
la central	Zentrale

Quiero cambiar dinero.
(ich-)will wechseln Geld
Ich möchte Geld wechseln.

¿A cómo está el cambiario?
zu wie (er-)ist der Wechselkurs
Wie ist der Wechselkurs?

Quiero cobrar este cheque.
(ich-)will kassieren dieser Scheck
Ich möchte diesen Scheck einlösen.

Post

Ist der Inhalt für ein Paket nach Europa nicht für den persönlichen Gebrauch deklariert, werden Einfuhrsteuern wie für Handelswaren erhoben.

la carta	Brief
la estampilla	Briefmarke
urgente – importante	eilig – wichtig
la carta certificada	Einschreiben
el franqueo	Porto
franquear	frankieren
por avión, aéreo	per Luftpost
el paquete	Paket
la oficina de correos	Postamt
la postal	Postkarte
enviar, mandar	senden
el sello, el timbre	Stempel
las cosas personales	persönliche Sachen

Kommunikation

Ich empfehle, wenn möglich, Prepaid-Telefonkarten zu kaufen. So kann man entspannt aus dem Hotel oder von privat telefonieren. In Lateinamerika gibt es länderübergreifende Sim-Karten.

Netzabdeckung gibt es allerdings auch nur da, wo es sich wirtschaftlich rentiert. Da wo es keine Funknetzabdeckung, aber eine Telefonleitung gibt, gibt es Internet-Cafés. Diese bieten meistens einen guten Service. Hier können Sie Ihre digitalen Urlaubsgrüße versenden. Mittlerweile werden auch Telefonanrufe über das Internet angeboten – sehr günstig. Darüber hinaus bleibt nur noch das Satellitennetz.

¿Dónde hay un teléfono?
wo es-gibt ein Telefon
Wo gibt es ein Telefon?

¿Dónde puedo telefonar / llamar al exterior?
wo (ich-)kann telefonieren / rufen zu-das Ausland
Wo kann ich ins Ausland telefonieren?

¿Con quién hablo?
mit wer (ich-)spreche
Mit wem spreche ich?

Aquí ...
hier
Hier spricht ...

Quiero hablar con el señor / la señora ...
(ich-)möchte sprechen mit der Herr / die Frau
Ich möchte Herrn / Frau ... sprechen.

Por favor, ¿está ... ?
durch Gefallen (er-/sie-)ist
Ist ... da?

Voy a llamar más tarde.
(ich-)gehe zu rufen mehr spät
Ich rufe später nochmal an.

Disculpe, me he equivado.
(er-/sie-)entschuldige mich (ich-)habe geirrt
Entschuldigung, ich habe mich verwählt.

la tarjeta prepago	Prepaid-Karte
el celular	Mobiltelefon
telefonear, llamar	telefonieren

¿Cuánto cuesta la hora?
Wie viel kostet die Stunde? *(im Internet surfen)*

¿Tiene antivirus actualizado?
(er-/sie-)hat Antivirus aktualisiert
Haben Sie die neueste Antivirus-Version?

¿Hay wifi gratis aquí?
(es-)gibt WLAN gratis hier
Gibt es hier kostenfreies WLAN?

¿Cual es la contraseña?
welches ist die Passwort
Wie lautet das Passwort?

la página web	Website
la dirección e-mail	E-Mail-Adresse
el archivo, el documento	Datei
la contraseña	Passwort
navegar, surfear	surfen
la cámara digital	Digitalkamera
enviar	versenden
bajar	herunterladen
instalar el software	Software installieren
se cayó / colgó / guindó el sistema	das System ist abgestürzt
la computadora, el PC	Computer, PC
el teclado	Tastatur
el maus	Maus
el servidor	Server

Sex, Drugs und Rock'n'Roll

Sex ist allgegenwärtig. Von geschmackvoller Anmache bis hin zu ordinärsten Sprüchen, von zärtlichem Glück bis Prostitution kann man alles erleben. Auch den Diebstahl mit erotischen Lockmitteln.

Machismo

Machos haben das Denkmuster „Sie sagt nein, aber meint ja, Frauen sind so". Frauen, die sich vor Übergriffen schützen wollen, sollten nie die Kontrolle über die Situation verlieren und zu aufdringlichen Männern bestimmend und deutlich aussprechen: **¡No, déjame tranquila!** (Nein, lass mich in Ruhe!).
Mit ein wenig Glück wird es auch Männer mit Ehre geben, die Ihnen (ohne Gegenleistung) zur Seite springen und die hartnäckigen Nervensägen auf Abstand halten.

Lateinamerikaner übertreiben gnadenlos mit Komplimenten!

Sex und Liebe

¡mi amor!	Meine Liebe!
¡mi vida!	Mein Leben!
¡cariño!	Liebling! *(zum Mann)*
¡mi cielo!	Mein Himmel!
guapo / guapa	gut Aussehende/r
lindo / linda	Hübsche/r
besar	küssen
ligar, coquetear	anbändeln, flirten
gay	schwul
lesbiana	lesbisch

Die LGBT+-Gemeinde hat in der jungen Generation und bei progressiv denkenden Menschen an Akzeptanz gewonnen, aber das kann nicht darüber hinwegtäuschen, dass gesellschaftliche Kräfte wie die Kirchen, die Presse und der Machismo weiterhin für Diskriminierung sorgen.

Está bien buena.
(sie-)ist gut gute
Sie ist lecker!

Estoy enamorado/a de ti.
bin verliebt(m/w) von dich
Ich bin in dich verliebt.

Te quiero / amo.
dich (ich-)will / liebe
Ich mag / liebe dich.

¡Dame un beso!
gib-mir ein Kuss
Gib mir einen Kuss!

Quisiera besarte.
(ich-)würde-wollen küssen-dich
Ich würde dich gerne küssen.

¿Quieres salir conmigo?
(du-)willst herausgehen mit-mir
Willst du mit mir ausgehen?

¿Quieres hacer el amor?
(du-)willst machen die Liebe
Willst du mit mir schlafen?

Te extraño mucho.
dich (ich-)vermisse viel
Ich vermisse dich sehr.

Me haces falta.
mir (du-)machst Fehlen
Du fehlst mir.

el preservativo, el condón	Kondom
la pastilla anticonceptiva	Antibabypille
laputa, la prostituta	Hure, Prostituierte
el chulo	Zuhälter
el sexo	Sex, Geschlecht
embarazada	schwanger
el SIDA	Aids

Eres el hombre más guapo que he visto.
(du-)bist der Mann mehr schick dass habe gesehen
Du bist der schickste Mann, den ich je gesehen habe.

Eres la mujer más bella del mundo.
(du-)bist die Frau mehr schöne von-der Welt
Du bist die schönste Frau der Welt.

No quiero.
Ich will nicht.

No tengo ganas.
Ich habe keine Lust.

Déjame en paz.
Lass mich in Ruhe.

¡Lárgate! / ¡Vete!
Hau ab! / Verschwinde!

Drogen

Es liegt auf der Hand, dass in Lateinamerika gutes **mariguana** und **cocaína** erhältlich ist. Wegen Drogen mit dem Gesetz in Konflikt zu kommen, sollte man dennoch auf keinen Fall riskieren.

la hierba, el monte	Gras
el porro	Joint
el drogadicto	Drogensüchtiger
el mariguanero	Kiffer
el narcotraficante	Dealer

Vorsicht! In einigen wenigen Ländern kommt es vor, dass die Polizei einem Drogen ins Auto legt (**sembrar,** „pflanzen"), um die „neuen Besitzer" zu erpressen.

Nachtleben

Dass das Nachtleben in Lateinamerika aufregend, aber auch gefährlich sein kann, ist kein Geheimnis. Ich empfehle, nachts nicht alleine bzw. ohne ortskundige Person spazieren zu gehen. Einheimische nehmen schon mal ein Taxi, um nur einen Block weiter zu fahren. Bei der Wahl des Taxis sollten Sie Ihre Menschenkenntnis schärfen, da hier auch schwarze Schafe ihr Unwesen treiben. Ansonsten sind Taxifahrer sehr gut informiert, „wo was geht": **discoteca, salsoteca, club, local, bar, cócteles, piña colada, cuba libre, ron ...**

el boliche *(Süd, Bol)*, **la cantina** *(Mex, Mit)*, **la peña** *(Per)*	Kneipe
la peña turística *(Per, Bol)*	Folklore-Nachtclub
el antro *(Mex)*	(Underground-)Club
la entrada, el cóver *(Mex)*	Eintritt(spreis)
la entrada, el antojito *(Mex)*	Vorspeise
la barra	Theke
el cenicero	Aschenbecher
la propina	Trinkgeld
el estacionamiento, la playa *(Per)*	bewachter Parkplatz
el servicio, el baño	Toilette
borracho	betrunken

¿Bailamos?
Tanzen wir?

¿Quieres un trago?
Willst du einen Drink?

Me gusta la música aquí, ¿y a ti?
Mir gefällt die Musik hier, und dir?

¿Te gusta el tango, la salsa, el merengue?
Gefällt dir der Tango, die Salsa, der Merengue?

Un cuba libre, por favor.
Einen Cuba Libre, bitte.

Para mi también.
Für mich auch.

Gewarnt sei vor K.O.-Tropfen **(burundanga)** in Nachtlokalen!

Schimpfen und Fluchen

Sie werden schnell merken, dass Flüche an der Tagesordnung sind und zum Grundwortschatz gehören. Viele der Ausdrücke klingen übersetzt ziemlich hart, sind aber mittlerweile eher harmlos geworden. Sie sollten einige erkennen können, aber nicht selbst anwenden. Wenn Sie belästigt werden, sagen Sie lieber einfach: „Lass mich in Ruhe!".

Als Frau:

¡Déjame tranquila!
Lass mich in Ruhe!

Als Mann:

¡Déjame tranquilo!
Lass mich in Ruhe!

¡No me ladilles!	Nerv nicht!
¡Vete pa'l carajo!	Verpiss dich!
¿Estás picao?	Bist du gereizt?

¡mierda!	Scheiße!
¡coño!, ¡concha!	Möse! *(wie „Scheiße!")*
huevón	„Riesenei", Typ *(Anrede)*, Blödmann
chingón, carnal *(Mex)*	Typ, Macker, Kumpel
huevada *(Per)*	blöde Sache
vaina *(Car)*	Sache, Ding
marica, maricón	schwul
tortillera	Lesbe
hijo de puta	Hurensohn! *(sehr gefährlich!)*
grosero, vulgar	vulgär
cabrón, pendejo	Gehörnter, Depp
¡no joda! *(Mex)*	Fick nicht!
¡no chingues! *(Mex)*	Nerv nicht!
ladilla *(Ven)*	Filzlaus, Nervensäge
cagón	Hosenscheißer
comemierda *(Car)*	Scheißefresser
romper el hocico	die Fresse polieren
culiao *(And)*	Gefickter
joder, chingar *(Mex)*, **tirar, culear** *(And, Chi)*	bumsen

Ein Ruf, bzw. umgangssprachliche Anrede, wie im Deutschen „Alter", „Digga" oder „Bro":

marica, maricón	*(Caribe)*
asere	*(Cuba)*

parce	*(Colombia)*
che, boludo	*(Argentina)*
carnal, güey	*(Mexico)*
mae	*(Costa Rica)*
pana, chamo	*(Venezuela, Caribe)*
pata, causa	*(Perú)*
chero	*(Salvador, Honduras)*
huevón	*(Chile)*
llave	*(Ecuador)*
vo	*(Uruguay)*

Wörterbuch

Deutsch – Spanisch

Nomen

Männliche Nomen, deren Endung das Geschlecht nicht eindeutig erkennen lässt, sind mit „(m)" gekennzeichnet. Das gleiche gilt für nicht eindeutig erkennbare weibliche Nomen. Sie sind gekennzeichnet mit „(w)".

Adjektive

werden nur in der männlichen Grundform aufgeführt.

Abkürzungen

m männlich (maskulin)
w weiblich (feminin)
Sg Singular (Einzahl)
Pl Plural (Mehrzahl)

Die spanischen Einträge sind mit dem **ñ** als separatem Buchstaben sortiert (nach dem **n**), aber **ll** zählt nicht als Einzelbuchstabe, sondern als doppelter Buchstabe **l**.

A

ab a partir de
abbiegen doblar, voltear
Abend tarde (w)
Abendessen cena
Abenteuer aventura
aber pero
abfahren (von) salir (de), irse (de)
Abfall basura
abfliegen (von) salir en avión (de)
abgeben entregar
abhängen depender
ablegen depositar, poner
abreisen salir de viaje, partir
abschleppen remolcar
Absicht intención
Abteil (Zug) sección
Achtung! ¡atención!, ¡ojo!
Adresse dirección
ähnlich parecido
Aids SIDA (m)
Alkohol alcohol
alle todos
allein solo
alles todo
allgemein en general

als (zeitl.) cuando
also pues
alt viejo
Alter (Lebens-) edad
Ameise hormiga
Ampel semáforo
an en, cerca de
anbieten ofrecer
Andenken recuerdo
anderer otro
Anfang comienzo, principio
anfangen comenzar, empezar, principiar
angeln pescar
angenehm agradable
Angestellter empleado
Angst miedo
ängstlich miedoso, temeroso
anhalten parar(se)
ankommen (in) llegar (a)
Ankunft llegada
anmelden anunciar, avisar
anschalten prender, encender
ansehen mirar
anstellen, sich (in Schlange) formar fila
Antwort respuesta
antworten contestar, responder
Anzeige (Polizei) demanda, denuncia
Anzeige (Zeitung) aviso, anuncio
anzeigen (Polizei) demandar, denunciar
anzeigen (Zeitung) anunciar, avisar
anziehen (etw.) atraer
anziehen, sich vestirse, ponerse (algo)
Anzug traje (m)
Apotheke farmacia
Arbeit trabajo, labor
arbeiten trabajar, laborar
Arbeiter trabajador, obrero
arm pobre
Arm brazo
Ärmel manga
Art forma de ser
Art und Weise manera
Arzt médico, doctor
Aschenbecher cenicero
auch también
auch nicht tampoco
auf sobre
Aufenthalt demora, estancia, parada
aufhören terminar, parar, acabar
aufpassen (beaufsicht.) cuidar
aufpassen (zuhören) poner atención
aufräumen arreglar
aufschreiben anotar
aufstehen levantarse
aufwachen despertarse
Aufzug ascensor
aus de, desde
ausdrücken, sich expresarse
Ausflug excursión
Ausfuhr exportación
Ausgang salida
ausgebucht completo
ausgehen salir
ausgezeichnet excelente
Auskunft información, aviso
Ausland exterior
Ausländer extranjero, „gringo", „musiú"
ausländisch extranjero
Ausnahme excepción
ausnutzen aprovechar
ausreichend suficiente

Ausreise salida
ausruhen, sich descansar
ausschalten apagar
außen afuera
Aussicht vista
Aussprache pronunciación
aussteigen bajar
Ausstellung exposición
auswählen elegir
Ausweis documento de identidad, cédula de identidad
ausziehen, sich sacarse la ropa, quitarse la ropa, desvestirse
Auto auto, carro, coche (m)
Autobahn autopista
Autokennzeichen chapa, placa, matrícula

B

Baby bebé, nene / -a
Bäckerei panadería
Bad baño
Badeanzug, -hose traje de baño
Bademantel bata de baño
baden bañarse
Badewanne bañera
Badezimmer baño
Bahnhof estación
Bahnsteig andén
bald pronto
Banane plátano, banana, cambur (Ven)
Bank (a. Sitz-) banco
bar al contado
Bar bar, barra
Bargeld efectivo
Batterie batería, pila
bauen construir
Bauer agricultor, campesino
Baum árbol
Baumwolle algodón
Beamter funcionario, oficial
bedauern lamentar
beeilen, sich apurarse
beeindruckend impresionante
beenden terminar, cortar, acabar
befinden, sich estar, encontrarse
begegnen (sich) encontrar(se)
beginnen comenzar, empezar, pricipìar
begleiten acompañar
begrüßen saludar
behandeln atender, tratar
Behörde(n) administración, oficina pública
bei con
Bein pierna
Beispiel ejemplo
bekannt conocido
bekanntmachen, sich conocerse
bekommen recibir, conseguir, obtener
beleidigen ofender, insultar
bemerken darse cuenta de
benachrichtigen informar, avisar
benutzen usar, utilizar
Benzin gasolina, nafta (Arg), combustible
beobachten observar
bequem cómodo
Berg monte, montaña
Beruf profesión
berühmt famoso
berühren tocar
beschäftigt ocupado
Beschwerde queja, reclamo
beschweren, sich quejarse, reclamar

besetzt ocupado
besichtigen visitar
besiegen vencer
Besitzer dueño
besonders especialmente
besser mejor
bestellen pedir, ordenar
Bestellung pedido
bestrafen castigar
Besuch visita
besuchen visitar
betrügen engañar, estafar
betrunken borracho, cuete
Bett cama
Bettlaken sábana
Bettzeug lencería
bevor antes
bevorzugen preferir
bewachen vigilar
bewegen mover
Beweis prueba
bewundern admirar
bezahlen pagar, cancelar
beziehen auf referirse a
Beziehung vínculo, relación
Biene abeja
Bier cerveza
Bild cuadro, dibujo, pintura
Bild (Vorstellung) imaginación
billig barato, económico
Binde (medizin.) venda
bis hasta
bisschen un poquito
Bitte! ¡por favor!
Bitte ruego
bitten pedir, rogar
bitter amargo
Blatt hoja
bleiben quedarse
Bleistift lápiz (m)
Block (Häuser-) cuadra
blond rubio
Blume flor (w)
Bluse blusa
Boden suelo
Bohne frijol, caraota
Boot lancha, canoa, bote
böse malo
Botschaft (diplom.) embajada
Brand incendio
Braten asado
Brauch costumbre (w)
brauchen necesitar
brechen romper(se)
breit ancho, amplio
Bremse freno
brennen quemar
Brief carta
Briefmarke timbre (m), sello, estampilla
Briefumschlag sobre (m)
Brille anteojos (Pl), lentes (Pl)
bringen (her-) traer
bringen (hin-) llevar
Brot pan
Brücke puente (m)
Bruder hermano
Brust (weibl.) seno, teta
Brustkorb pecho
Buch libro
buchen reservar
Bücherei biblioteca
Buchhandlung librería
Buchstabe letra
buchstabieren deletrear
Bucht bahía
Bügeleisen plancha
bügeln planchar
bunt de colores
Burg castillo

Bürger (Staats-) ciudadano
Bürgersteig vereda, acera
Büro oficina, despacho
Bürste cepillo
Bus autobus, guagua (Cub)
Busbahnhof central autobusero, terminal autobusero
Büstenhalter brasier
Butter mantequilla

C

Café bar, café, cafetín
Chauffeur chofer
Chef jefe (m), patrón
chemische Reinigung tintorería
Chili ají (m), chile (m)
Computer computadora
Creme crema, loción

D

da allí, allá
Dach techo
dafür en favor
dagegen en contra
dahinter atrás
Damenbinde toalla sanitaria
damit para que
danach después
Danke! ¡gracias!
danken agradecer
dann entonces, luego
darum por eso
das da eso
dass que
Datum fecha
dauern tardar, demorar
Dauerwelle permanente
Decke (Bett-) manta, cubrecama, frazada
Decke (Zimmer) techo
Deckel tapa
dein(e) tu, tus
Demonstration manifestación
denken pensar
Denkmal monumento
denn porque
deshalb por eso, por lo tanto
deutsch alemán
Deutsche alemana
Deutscher alemán
Deutschland Alemania
Devisen divisas (w Pl)
Dialekt dialecto
Diät régimen (m)
dick grueso, gordo
Dieb ladrón
Diebstahl robo
diese(r, s) este / esta
Diesel gásoil, gas oil (m)
Ding cosa
Diskothek discoteca
Dokument documento
Dolmetscher traductor, intérprete (m/w)
doof estúpido
Dorf pueblo, aldea
dort allí, allá
dort hinten en el fondo, allá atrás
dorthin por allá, hacia allá
draußen afuera
dringend urgente
drinnen adentro
Dschungel selva
du tú
dumm tonto
dunkel oscuro

dünn delgado, flaco, fino
durch por
Durchfall diarrea
dürfen poder, deber
Durst sed (w)
Dusche ducha

E

echt puro
Ecke esquina
egal: ist mir e. me da igual
Ehe matrimonio
Ehefrau esposa, mujer
Ehemann esposo, marido
Ei huevo
eigen propio
Eigentum propiedad
Eigentümer dueño
Eimer cubo, balde (m)
einander uno al otro
Einbruch robo
einfach simple, fácil
einfarbig unicolor
Einfuhr importación
Eingang entrada
einige algunos / -as (Pl)
einladen invitar
Einladung invitación
einmal una vez
einpacken envolver, empacar
einsteigen (z. B. Bus) subir, entrar
eintreten entrar
Eintrittskarte entrada, boleto
Einverstanden! ¡de acuerdo!
einwandern inmigrar
Einwanderungsbehörde migración
Einwohner habitante (m/w)
einzig único
Eis (Speise-) helado
Eis (Wasser) hielo
Eisenbahn ferrocarril
Eiter pus (m)
elektrisch eléctrico
elend miserable
Elend miseria
Eltern padres (m Pl)
empfangen recibir
empfehlen recomendar
Ende fin
endlich por fin, finalmente
eng estrecho, angosto
englisch inglés
Enkel(in) nieto (-a)
entfernen quitar
Entfernung distancia
entlang a lo largo de
entscheiden decidir
entscheiden, sich decidirse
entschuldigen, sich disculparse
Entschuldigung! ¡disculpe!, ¡perdón!
entspannt relajado
enttäuscht desilusionado
er él
erbrechen, sich vomitar
Erde tierra
Erdgeschoss planta baja
Ereignis evento
Erfolg éxito
erfreut encantado
erhalten recibir
erholen, sich descansar, recuperarse
erinnern, sich acordarse, recordar
erkältet sein estar resfriado, tener gripe
erklären explicar
erkundigen, sich informarse

erlauben permitir
Erlaubnis permiso
Ermäßigung rebaja, descuento
erreichen conseguir
Ersatzteil (pieza de) repuesto
Erwachsener adulto, mayor
erzählen contar
essen comer
Essen comida
Essig vinagre (m)
Etage planta, nivel, piso
etwa más o menos
etwas algo
euer (eure) su

F

Fabrik fábrica
Faden hilo
Fahne bandera
Fähre ferry, transbordador
fahren (allg.) ir
fahren (lenken) manejar, conducir
Fahrkarte boleto, pasaje, ticket
Fahrkartenschalter boletería, taquilla
Fahrplan horario, itinerario
Fahrrad bicicleta
Fahrzeug vehículo
Falle trampa
fallen caer
falsch falso, equivocado
Familie familia
Farbe color
Farm estancia, hacienda, hato, finca
fast casi
faul (Obst) podrido,descompuesto
faul (träge) flojo
fehlen faltar
Fehler error, falta
Feier fiesta
feiern celebrar, festejar
feilschen negociar, regatear
fein fino
Feind enemigo
Feld campo, terreno, chacra (Per)
Fenster ventana
Ferien vacaciones (Pl)
fern lejos
Fernsehgerät televisor
Fernsehserie serie (w), telenovela
fertig listo
fest firme
Fest fiesta
Fett grasa
feucht húmedo
Feuer incendio, fuego
Feuerwehr bomberos (Pl)
Fieber fiebre (w)
Film (Kamera) (rollo de) película
finden encontrar
Finger dedo
Fisch (lebend) pez (m)
Fisch (Speise-) pescado
Flasche botella
Fleisch carne (w)
fleißig trabajador, aplicado
fliegen volar
flirten coquetear
Floh pulga
Flug vuelo
Flughafen aeropuerto
Flugticket boleto, ticket
Flugzeug avión (m)
Flur pasillo
Fluss río
folgen seguir
Folge consecuencia

folgend siguiente
Folklore folklore
Formular formulario
Fotoapparat cámara
Fotografie foto(grafía)
fotografieren tomar / sacar una foto
Frage pregunta
fragen preguntar
französisch francés
Frau mujer, señora
frech atrevido
frei libre
Freiheit libertad
fremd extranjero
Fremder desconocido, forastero, extraño
Freude alegría
freuen, sich alegrarse, encantarse
Freund (fester) novio, enamorado
Freund (guter) amigo
freundlich amable
Freundschaft amistad
Frieden paz (w)
Friedhof cementerio
frieren tener frío
frisch fresco
Friseur peluquero
Friseursalon peluquería
Frisur peinado
fröhlich alegre
Frucht fruta
früh temprano
Frühling primavera
Frühstück desayuno
frühstücken desayunar
fühlen (sich) sentir(se)
führen guiar
Führer (Touristen-) guía (m)
funktionieren andar, funcionar
für para, por
fürchten, sich temer
Fuß pie (m)
Fuß: zu F. a pie
Fußball fútbol (m)

G

Gabel tenedor
ganz todo, entero
gar nicht (para) nada
Gardine cortina
Garten jardín (m)
Gas gas
Gasse callejón
Gast invitado, huésped
Gastfreundschaft hospitalidad
Gastgeber anfitrión
Gaststätte restaurante
Gebäck pasteles (m Pl)
Gebäude edificio
geben dar, entregar
geben: es gibt hay
Gebirge montaña, cordillera, sierra
geboren nacido
geboren werden nacer
Gebühr arancel, tasa, contribución, tarifa
Geburtstag aniversario, cumpleaños
gefährlich peligroso
gefallen gustar
Gefängnis carcel
Gefühl sentimiento
gefüllt relleno
gegen contra

Gegend región (w), alrededores (m Pl)
gegenüber enfrente de
geheim, Geheimnis secreto
gehen ir, andar
gehen (zu Fuß) andar, caminar
geizig tacaño
Gelände terreno
Geld plata, dinero
Gelegenheit oportunidad
Geliebter / -e amante (m/w)
gemischt mixto
Gemüse verdura, legumbres (Pl)
gemütlich cómodo, acogedor
genau exacto, justo
genießen disfrutar
genug bastante, suficiente
genügend suficiente
Gepäck equipaje (m)
gerade (soeben) recién
geradeaus recto, derecho
Geräusch ruido
gerecht justo
gern con mucho gusto
Geschäft (Laden) negocio, tienda
Geschäftsführer gerente (m/w)
geschehen suceder
Geschenk regalo
Geschichte historia, cuento
Geschirr vajilla
geschlossen cerrado
Geschmack gusto
Geschwister hermanos (m Pl)
Gesellschaft sociedad
Gesetz ley (w)
Gesicht cara
Gespräch conversación
gestern ayer
gestern Abend anoche
gesund sano
Gesundheit salud (w)
Getränk bebida
Gewerkschaft sindicato
Gewicht peso
gewinnen ganar
Gewitter tormenta
gewöhnen, sich acostumbrarse
Gewürz condimento, especies (w Pl)
Gift veneno
Glas (Material) vidrio
Glas (Trink-) vaso, copa
glatt liso
Glaube fe (w), creencia
glauben creer
gleich igual, mismo
gleich (sofort) en seguida
Glück suerte (w)
glücklich feliz
Glückwunsch felicidades (w Pl), enhorabuena
Glühbirne bombillo
Gold oro
Gott Dios (m)
Gramm gramo
Grammatik gramática
Gras pasto
gratulieren felicitar
grausam cruel
Grenze frontera
Grill parrilla
Grippe gripe (w)
groß grande
Größe tamaño
größer mayor
Großmutter abuela
Großvater abuelo
großzügig generoso
Grund razón (w)
Gruppe grupo

Gruß saludo
grüßen saludar
gültig válido
Gürtel cinturón
gut bueno
gut (Umst.) bien

H

Haar cabello, pelo
Haarschnitt corte (m)
haben (besitzen) tener
Hafen puerto
Hagel granizo
halb medio
Hälfte mitad
halten sostener
Haltestelle parada
Hammer martillo
Hand mano (w)
Handel comercio
handeln actuar
handgemacht hecho a mano
Handtasche cartera
Handtuch toalla
Handy celular
hängen colgar
hart duro
Hase liebre (w), conejo
hässlich feo
Hauptplatz plaza mayor, plaza de armas (Per), zócalo (Mex, Mit)
Hauptstadt capital (w)
Haus casa
Haus (Land-) quinta
Hausfrau ama de casa
Hausherr patrón
Hausmeister/in conserje (m/w)
heben levantar
Heftpflaster cinta adhesiva, curita (Ven)
heiraten casarse
heiß caliente
heißen llamarse
Heizung calefacción
helfen ayudar
hell claro, luminoso
Hemd camisa
herausziehen sacar
Herbst otoño
Herein! ¡adelante!
Herr señor
Herz corazón
herzlich cariñoso
heute hoy
hier aquí, acá
hierher acá
Hilfe ayuda
hinauffahren / -gehen subir
hinausgehen salir
hineingehen entrar
Hinfahrt ida
hinlegen, sich acostarse
hinten detrás, atrás
hinter detrás de
hinuntergehen bajar
Hitze calor
hoch alto
Hochzeit boda, matrimonio
Hof patio
hoffen esperar
hoffentlich ojalá
höflich cortés, educado
Höhle cueva
Holz madera
Honig miel (w)
hören oír, escuchar
Hose pantalón

Hotel hotel, hospedaje (m)
hübsch lindo, bonito
Hügel cerro
Hund perro
Hunger hambre (w)
Hütte (Behausung) rancho, estera (And)
Hütte (Berg- usw.) cabaña
Hygiene higiene (w)

I

ich yo
Idee idea
ihr(e) su(s)
Illustrierte revista
immer siempre
impfen vacunar
Impfung vacunación
in en, dentro de
Industrie industria
informieren (sich) informar(se)
Inhalt contenido
innen adentro
Innenhof patio
innerhalb (zeitl.) dentro de
Insekt insecto
Insel isla
interessant interesante
interessieren, sich für interesarse por
international internacional
inzwischen entretanto
irgendein algún
irren, sich equivocarse

J

ja sí
Jacke chaqueta, campera (Arg), chamarra (Mex)
Jackett saco, chaqueta
jagen cazar
Jahr año
Jahreszeit estación
jährlich anual
jeder cada (uno)
jedesmal cada vez
jedoch sin embargo
jemand alguien
jene(r) aquel / aquella
jetzt ahora
Journalist periodista (m/w)
jung jóven
Junge chico, joven, muchacho, sardino (Col), chango (Bol)

K

Kaffee café (m)
Kakerlake cucaracha
kalt frío
kalt (eis-) helado
Kamera cámara fotográfica
Kamm peine (m)
kämmen, sich peinarse
kämpfen luchar, pelear
kaputt estropeado, roto
Karte (Land-) mapa (m)
Karte (Plastik) tarjeta
Karte (Spiel-) naipe (m)
Käse queso
Kasse caja
kassieren cobrar

Katze gato
kaufen comprar
Kaufhaus almacén
kaum apenas
kein/-e ningún / ninguna
Kellner mozo, camarero, mesero
kennen conocer
kennenlernen, sich conocerse
Kerze vela, candela
Kiefer (Baum) pino
Kind niño (m), niña (w)
Kino cine (m)
Kirche iglesia
Kissen (Kopf-) almohada
Kiste caja
klar claro
Klavier piano
Kleid vestido
Kleidung ropa
klein chico, pequeño
Kleinbus micro, colectivo, buseta (Col)
Klempner plomero
Klimaanlage aire acondicionado
Klingel timbre (m)
klug inteligente, sabio, avispado
Kneipe taberna, tasca (Ecu), cantina, boliche (Arg, Bol)
Knoblauch ajo
Knopf botón
kochen (sieden) hervir
kochen (zubereiten) cocinar
Kochtopf olla, cacerola
Koffer valija, maleta
Kohle carbón
kommen venir, llegar
kommen von / aus provenir
kompliziert complicado
Kondom condón
können poder, saber
Konsulat consulado
kontrollieren controlar
Konzert recital (m), concierto
Kopf cabeza
Kopfsalat lechuga
Korkenzieher destapador, saca-corchos (m)
kosten (Preis) costar, valer
kosten (probieren) probar
kostenlos gratuito, gratis
Kraft fuerza
krank enfermo
Krankenhaus hospital, clínica
Krankenkasse seguro
Krankenschwester enfermera
Krankheit enfermedad
Krawatte corbata
Kreditkarte tarjeta de crédito
Kreuzung cruce (m), crucero (Mit)
Krieg guerra
Küche cocina
Kuchen pastel, torta
Kugelschreiber bolígrafo, birome (w, Arg)
kühl fresco
Kühlschrank nevera, refrigerador, heladera (Arg)
Kunst arte (m, Pl.: w)
Kunstgewerbe artesanía
Künstler artista (m)
Kunstwerk obra de arte
Kurve curva
kurz corto
Kuss beso
küssen besar
Küste costa

L

lächeln sonreír
lachen (über) reír(se de)
Laden tienda
Lage situación
Lage (geogr.) posición, ubicación
Lager (Zelt-) campamento
Laken sábana
Lampe lámpara
Land país (m)
Landesinneres interior
Landschaft paisaje (m)
Landstraße carretera, vía, ruta
Landwirtschaft agricultura
lang largo
lange (Zeit) mucho tiempo
längs a lo largo (de)
langsam lento
langsam (Umst.) despacio
langweilig aburrido
Lärm ruido
lassen dejar
laufen correr
laut (Stimme) alto, con voz alta
leben vivir
Leben vida
Lebensmittel alimentos (m Pl)
lecker rico, sabroso
Leder cuero
ledig soltero
leer vacío
legen poner
lehren enseñar
Lehrer(in) maestro(-a), profesor(a)
leicht (einfach) fácil
leicht (Gewicht) ligero, liviano
leiden sufrir
leider lamentablemente
leihen prestar
lernen aprender, estudiar
lesen leer
letzter último
Leute gente (w Sg)
Licht luz (w)
Liebe amor
lieben amar
liebenswürdig amable
Lied canción
liegen estar acostado
links a la izquierda
Lippenstift pintura de labios
Loch hueco, hoyo, orificio
Löffel cuchara
Lohn (Gehalt) sueldo
Lotto loto, lotería
Luft aire (m)
lügen mentir
Lust haben tener ganas
lustig divertido, alegre, chistoso

M

machen hacer
Macht poder
Mädchen chica, muchacha, sardina (Col)
Mal vez (w)
malen (an-) pintar
Maler pintor (m)
man uno, se
Manager gerente (m/w)
manchmal a veces
Mann hombre (m)
männlich masculino
Mantel abrigo, sobretodo
Markt mercado, abastecimiento (Süd)

Marmelade mermelada
Maschine máquina
Mate (Tee) mate (m)
Medikament medicina, remedio
Meer mar
Mehl harina
mehr más
mein(e) mi(s)
meinen opinar, pensar
Meinung opinión (w)
Menge cantidad
Mensch hombre (m), ser humano
merken, sich recordarse, acordarse
Messer cuchillo
mieten alquilar, rentar
Milch leche (w)
mindestens por lo menos
Mineralwasser agua mineral (el, w)
Minute minuto
mit con
mitnehmen llevar
Mittag mediodía (m)
Mittagessen almuerzo
Mittagspause pausa
Mittagsschlaf siesta
mitteilen comunicar
Mitternacht medianoche (w)
Möbel muebles (m Pl)
Mode moda
modisch de moda
mögen querer, gustar
möglich posible
Monat mes (m)
morgen mañana
Morgen mañana
Moskitonetz mosquitero
Motor motor
Motorboot lancha
Motorrad moto (w), motocicleta
Mücke mosquito, zancudo
müde cansado
Mühe pena
Müll basura
Münze moneda
Muschel(schale) concha
Museum museo
Musik música
müssen tener que, deber
müssen: man muss hay que
Mutter madre, mamá

N

nach (Richtung) a
nach (zeitl.) después de
Nachbar vecino
Nachmittag tarde (w)
Nachname apellido
Nachricht noticia
nachsehen averiguar
nächster próximo
Nacht noche (w)
Nachtisch postre (m)
nackt desnudo
Nadel aguja
Nadel (Steck-) alfiler
Nagel clavo
Nagel (Finger-) uña
nahe cerca
nähen coser
Name (Nach-) apellido
Name (Vor-) nombre (m)
nass mojado
Nationalität nacionalidad
Natur naturaleza
natürlich natural
Nebel niebla, garúa (Per)

neben al lado de
nehmen tomar, agarrar, coger
nein no
nett simpático
neu nuevo
neugierig curioso
nicht no
nicht mehr ya no
nichts nada
niedrig bajo
niemals nunca, jamás
niemand nadie
nirgends por ningún lado
noch aún, todavía
noch einmal otra vez
Norden norte (m)
normal normal
Notfall caso de emergencia
Notiz apunte (m)
notwendig necesario
Nummer número
nur solo, solamente
nutzen aprovechar
nützen (helfen) servir
nützlich útil

O

ob si
oben arriba
Obst fruta
oder o
Ofen (Herd) horno
offen abierto
öffentlich público
öffnen abrir
oft a menudo, muchas veces
ohne sin
Ohr oreja
Öl aceite (m)
Oma abuela, abuelita
Onkel tío
Opa abuelo, abuelito
Ordnung orden
Organ órgano
organisieren organizar
Ort lugar, ubicación
Osten este (m), oriente (m)
Ostern Pascua

P

paar: ein p. un par, algunos/-as (m/w)
Paar pareja
Paket paquete (m)
Palast palacio
Panne avería
Papier papel
Paprika (Pulver) pimentón
Parfum perfume (m)
Park parque (m)
parken (Auto) estacionar, aparcar, parquear
Parkett (Theater) patio
Parkplatz estacionamiento, playa (de estacionamiento) (And)
Pass pasaporte (m)
Passagier pasajero
passieren pasar
Patient paciente (m/w)
Pause pausa
Pech mala suerte
pensioniert jubilado
Person persona
Personalausweis cédula (de identidad), documento nacional de identidad

Pfanne sartén (w/m)
Pfeffer pimienta
Pferd caballo
Pflanze planta
Pflaster adhesivo, curita (Ven)
Plan plan
Plastik plástico
Platte disco
Plattenspieler tocadiscos (m)
Platz plaza, puesto
plötzlich de repente
Politik política
Polizei policia
Polizist policía (m)
Post(amt) (oficina de) correo(s)
Postkarte (tarjeta) postal
Praxis (Arzt-) consultorio
Praxis (Übung) práctica
Preis precio
Presse prensa
privat privado
probieren probar
Problem problema (m)
Programm programa (m)
Prost! ¡salud!, ¡chin-chin!
prüfen revisar, examinar
Prüfung examen (m)
Pullover suéter, chompa (And, Süd)
Punkt punto
pünktlich puntual
Puppe muñeca

Q

Qualität calidad
Quantität cantidad
Quatsch tonterias (w Pl)
Quelle fuente (w), manantial
Quittung recibo

R

Rabatt descuento
Rad rueda
Radiergummi borrador, goma de borrar
Radiogerät radio (w)
Rand borde (m)
rasieren, sich afeitarse
Rat(schlag) consejo
raten (empfehlen) aconsejar
raten (schätzen) adivinar
Raub robo
rauchen fumar
Raum sala, cuarto, habitación
rechnen calcular
Rechnung factura, cuenta
Recht derecho
rechts a la derecha
rechtzeitig a tiempo
reden hablar
Regen lluvia
Regierung gobierno
registrieren registrar
regnen llover
reich rico
reif maduro
Reifen llanta, neumático, caucho
Reifenwerkstatt cauchera, gomería (Süd)
Reis arroz (m)
Reise viaje (m)
Reisebüro agencia de viajes
reisen viajar
rennen correr
Reparatur arreglo, compostura (Süd, Mit), reparación
reparieren arreglar, reparar
reservieren reservar

Restaurant restaurante (m)
Rettungswagen ambulancia
Rezept receta
richtig correcto
Richtung dirección, rumbo
Richtung: in R. hacia
Ring anillo
Rock falda, pollera (Süd, And)
roh (Speise) crudo
Rotwein vino tinto
Rückkehr regreso, vuelta
Rucksack mochila, morral (m)
rufen llamar
Ruhe silencio
ruhen descansar
ruhig tranquilo
rund redondo

S

Sache cosa
Saft jugo
sagen decir
Sahne (süße) crema
Saison (Hoch- / Neben-) temporada (alta / baja)
Salat (Zubereitung) ensalada
Salbe pomada
Salz sal (w)
sammeln recoger, coleccionar
Sammeltaxi pesero (Mex), por puesto (Ven), micro (And)
Sammlung colección (w)
Sand arena
satt satisfecho
Satz frase (w)
sauber limpio
säubern limpiar
sauer ácido
Schallplatte disco
scharf (gewürzt) picante
scharf (Messer) afilado
Schatten sombra
schätzen estimar
schauen mirar
Schaufenster vidriera, vitrina
Schauspiel espectáculo
Scheck cheque (m)
Scheibenwischer limpiaparabrisas (m)
scheinen parecer
Scheinwerfer faro
schenken regalar
Schere tijera
Scherz broma
schicken mandar, enviar
Schicksal destino
schießen tirar, disparar
Schiff barco
Schimpfwort grosería
Schirm (Regen-) paraguas (m)
Schirm (Sonnen-) sombrilla, parasol (m)
schlafen dormir
Schlafzimmer alcoba, dormitorio, cuarto
Schlag golpe (m)
schlagen pegar, golpear
Schläger (Tennis) raqueta (de tenis)
Schlagloch hueco, bache (m)
Schlange (Menschen) cola
Schlange (Tier) serpiente, culebra, víbora
schlank delgado
schlecht malo
schlecht (Umst.) mal
schlechter peor
schließen cerrar

Schloss (Bau) castillo
Schloss (Tür-) cerradura, chapa
Schloss (Vorhänge-) candado
Schlucht barranco, precipicio
Schlüssel llave (w)
schmackhaft sabroso, rico
Schmalz manteca
schmecken gustar
Schmerz dolor, pena
schmerzen doler
Schmetterling mariposa
schminken, sich maqulllarse
Schmuck joyas (w Pl)
schmutzig sucio
Schnaps aguardiente (m)
Schnee nieve (w)
schneiden cortar
schneien nevar
schnell rápido
Schokolade chocolate (m)
schon ya
schön bonito, bello, lindo, hermoso
Schrank armario, aparador, escaparate
Schrank (Einbau-) placard (Süd)
Schraubenzieher destornillador
schrecklich horrible
schreiben escribir
schreien gritar
Schublade cajón (m), gaveta
Schuh zapato, calzado
Schuld culpa
schuldig culpable
Schule escuela, colegio
Schüler(in) alumno (-a)
schwach débil
schwanger embarazada, preñada
schweigen callar
schwer (Gewicht) pesado
Schwester hermana
schwierig difícil
Schwimmbad piscina
schwimmen nadar
schwindelig mareado
schwitzen sudar, transpirar
See lago
sehen ver, mirar
Sehenswürdigkeit lugar de interés
sehnsüchtig ansioso
sehr muy
Seide seda
Seife jabón (m)
Seil soga, mecate (Mex)
sein (Verb) ser, estar
sein(e) (Besitz) su(s)
seit desde
Seite (Buch) página
Seite (Richtung) lado
Sekunde segundo
selbst mismo
selbstverständlich por supuesto
selten raro
senden mandar, enviar
setzen, sich sentarse
Shampoo champú (m)
sich se
sicher seguro
sicherlich seguramente
sie ella, ellos, ellas
Sie Usted, Ustedes
siegen vencer, ganar
Silber plata
singen cantar
Sinn sentido
sitzen estar sentado
Sitzplatz asiento
Ski esquí (m)
Ski fahren esquiar
so así, tan

sofort en seguida
Sohn hijo
solcher tal
sollen deber
Sommer verano
Sonderangebot oferta
sondern sino
Sonne sol (m)
sonnen, sich broncearse
Sonnenblume girasol (m)
Sorge preocupación
Sorgen machen preocuparse
Soße salsa
soviel tanto
Spanier(in) español(a)
spanisch español
sparen ahorrar
spät tarde
später después
spazierengehen pasear
Speise alimento, menú
Speisekarte carta
spenden donar
Spiegel espejo
spielen (Instrument) tocar
spielen (Spiel) jugar
Spielzeug juguete (m)
Spinne araña
sponsern auspiciar, patrocinar
Sport deporte (m)
Sportplatz cancha
Sportschuh tenis (m)
Sprache idioma (m), lengua
sprechen hablar
Spritze jeringa
spritzen (medizin.) inyectar
Spülmittel detergente (m)
Staat estado
Staatsangehörigkeit nacionalidad
Stadt ciudad (w)
Stadtmitte centro
Stadtplan mapa (m)
Stadtteil barrio, urbanización, zona
stark fuerte
Staubsauger aspiradora
Steckdose enchufe
Stecker enchufe, ficha (Süd)
stehen estar de pie, estar parado
stehenbleiben pararse, detenerse
stehlen robar
Stein piedra
Stelle (Ort) lugar
stellen (legen) colocar, poner
Steppe pampa
sterben morir(se)
Steuer impuesto
Stewardess azafata, aeromoza
Stil estilo
Stimme voz (w)
Stockwerk piso, planta
Stoff tela
stören molestar, fastidiar
stornieren cancelar
Strafe pena, castigo
Strand playa
Straße calle
Straße (Pracht-) avenida
Straßenschild letrero
Strauß (Blumen) ramo
Streichholz fósforo
Streik huelga, paro
streiten, sich pelearse
Stück pedazo, trozo, pieza
Student(in) estudiante (m/w)
studieren estudiar
Stuhl silla
Stunde hora
suchen buscar
Süden sur (m)

südlich austral
Summe suma
Supermarkt supermercado
Suppe sopa
süß dulce
Swimmingpool piscina

T

Tabak tabaco
Tablette pastilla
Tag día (m)
täglich diario
Tal valle (m)
Tampon tampón
tanken echar gasolina
Tankstelle gasolinera, estación de servicio, bomba, grifo (Per)
Tankwart naftero (Süd), gasolinero, bombero
Tante tía
Tanz baile (m)
tanzen bailar, danzar
Tasche bolsa
Tasche (Hosen-) bolsillo
Taschenmesser navaja
Tasse taza
taub sordo
Taube paloma
tauchen bucear
Taxi taxi (m)
Taxifahrer taxista (m)
Taximeter taxímetro
Tee té (m)
Teil parte (w)
teilen (in Teile) dividir
teilen (sich etw.) compartir
Telefon teléfono
Telefonbuch directorio, guía telefónica
telefonieren hablar / llamar por teléfono
Telefonnummer número de teléfono
Teller plato
Teppich alfombra
Termin cita
Tesafilm tape (m), cinta adhesiva
teuer caro
Teufel diablo
Theater teatro
tief profundo
Tier animal (m)
Tisch mesa
Titelseite tapa, carátula
Tochter hija
Tod muerte (w)
Toilette baño, sanitario, servicio,
Toilettenpapier papel higiénico
toll bárbaro, chévere
Topf cazuela, olla
Tor (Fußball) gol
tot muerto
töten matar
Toto (Spiel) quiniela
Tradition tradición
tragen cargar, llegar
träumen soñar
traurig triste
treffen (begegnen) encontrar
Treffen encuentro
Treppe escalera
trinken tomar, beber
Trinkgeld propina, laudo (Süd)
trocken seco
trocknen secar(se)
tschüss chao, adiós
Tuch tela

Tuch (Putz-) trapo
tun hacer
Tür puerta
Turm torre (w)
Tüte bolsa
Typ tipo
typisch típico

U

U-Bahn metro, subte(rráneo) (Arg)
üben practicar
über encima de, sobre
überall por todos lados, en todas partes
Überfall asalto, atraco
Überfluss abundancia
überhaupt en absoluto
übermorgen pasado mañana
überqueren cruzar
überraschung sorpresa
übersetzen traducir
Übersetzer traductor
übertreiben exagerar
Überweisung transferencia, giro
überzeugen convencer
üblich usual
übrig sobrante, restante
übrig bleiben quedar, sobrar
Ufer orilla
Uhr reloj (m)
um zu para
umarmen abrazar
Umgebung alrededores (m Pl)
Umleitung desvío
umsteigen cambiar de (tren, bus, metro)
umtauschen cambiar
Umweg desvío
Umwelt medio ambiente
umziehen (Haus) mudarse
umziehen, sich cambiarse (de ropa)
unbekannt desconocido
und y
Unfall accidente (m)
ungefähr alrededor, más o menos
unglaublich increíble
Universität universidad
unmodisch pasado de moda
unmöglich imposible
unordentlich desordenado
Unordnung lío, desorden
unschuldig inocente
unser nuestro
unten abajo
unter debajo de
Unterbrechung interrupción
Unterdrückung represión
unterhalten, sich conversar, charlar, platicar
Unterhaltung conversación, charla, plática
Unterkunft hospedaje (m)
unterrichten enseñar
Unterschied diferencia
unterschiedlich diferente, distinto
unterschreiben firmar
Unterschrift firma
unterstützen apoyar
untersuchen revisar, examinar
unverschämt conchudo, sinvergüenza
Urlaub vacaciones (w Pl)
Ursache causa
Ursprung origen

V

Vater padre, papá
verabreden, sich hacer una cita, citarse
Verabredung cita
verabschieden, sich despedirse
verbessern mejorar
verbieten prohibir
Verbrechen crimen
verbrennen quemar
verbringen pasar
verdienen ganar
vergessen olvidarse de
vergewaltigen violar
Vergnügen diversión, distracción
vergnügen, sich divertirse, distraerse
verhandeln negociar
verheiratet casado
verirren, sich perderse, extraviarse
verkaufen vender
Verkehr tránsito, tráfico
verleihen prestar
verletzt herido
Verletzung herida
verlieben, sich enamorarse
verliebt enamorado
verlieren perder
vermieten alquilar, arrendar
vermissen extrañar, echar de menos
vermitteln intermediar
verrückt loco, maluco (Süd)
verschieben (zeitl.) postergar
Verschmutzung contaminación
verschwinden desaparecer
Versicherung seguro
verspäten, sich tardarse, retrasarse
Verspätung retraso
versprechen prometer
Versprechen promesa
verstehen entender, comprender
versuchen intentar, tratar de
verteidigen defender
Vertrag contrato
vertrauen confiar
Vertrauen confianza
verwechseln confundir
verzeihen perdonar
verzollen declarar
Vieh ganado
viel mucho, un montón
vielleicht tal vez, quizás
Vogel pájaro
Volk pueblo
voll lleno
völlig totalmente
von de
vor (örtl.) delante de
vor (zeitl.) hace
Voraus: im V. previamente, de antemano
vorbereiten preparar
Vorgang (bürokrat.) trámite (m)
vorgestern anteayer
vorher antes
Vormittag mañana
vormittags en / por la mañana
vorne delante
Vorschlag propuesta
vorschlagen proponer
vorsicht cuidado
vorstellen, sich (präsentieren) presentarse
vorstellen, sich (Fantasie) imaginarse

Vorstellung (Show) función
Vorteil ventaja
Vorurteil prejuicio
Vorwahl (Telefon) código de área, prefijo, clave (Mex)
vorwärts adelante

W

Waffe arma (el, w)
Wagen carro, coche (m), auto
Wahl elección
wahr cierto
während durante
während (Bindew.) mientras
Wahrheit verdad
Wald bosque (m), selva
Wand pared (w)
wandern caminar
wann? ¿cuándo?
Ware mercancía
warm caliente
warten esperar
warum? ¿por qué?
was? ¿qué?
waschen (sich) lavar(se)
Waschmaschine lavadora, lavarropas (Süd)
Wasser agua (el, w)
Watte algodón
wechseln cambiar
wecken despertar
Weg camino
wegen por
weggehen irse
wegnehmen quitar
wegwerfen botar
wehtun doler
weiblich femenino
weich suave
Weihnachten Navidad (w)
weil porque
Wein vino
weinen llorar
Weintraube uva
weit entfernt lejos
weitergehen seguir
welcher? ¿cuál?, ¿qué?
Welle ola, onda
Welt mundo
wenig poco
weniger menos
wenn (als) cuando
wenn (falls) si
wer? ¿quién?
Werbung propaganda, comercial (m)
werden hacerse, ponerse
werfen arrojar, lanzar
Werkstatt taller (m)
Wert valor (m)
wertvoll valioso
Wespe avispa
wessen? ¿de quién?
Westen oeste (m), occidente (m)
Wetter tiempo, clima (m)
wichtig importante
wie como
wie? ¿cómo?
wie lange? ¿cuánto tiempo?
wieder otra vez, de nuevo
wieder tun volver a hacer
wiederholen repetir
wie viel? ¿cuánto?
wild salvaje
Wildleder gamuza
willkommen bienvenido
Wind viento
Windel pañal

Winter invierno
wir nosotros / -as
wirklich (Umst.) realmente, efectivamente
wissen saber
Witz chiste (m)
witzig chistoso, gracioso
wo? ¿dónde?
Woche semana
Wochenende fin de semana
wofür? ¿para qué?
woher? ¿de dónde?
wohin? ¿adónde?
wohnen vivir
Wohnung departamento, apartamento, habitación (w)
Wohnzimmer líving (m), sala (de estar)
Wolke nube (w)
Wolle lana
wollen querer
Wort palabra
Wörterbuch diccionario
Wunde herida
wunderbar maravilloso
wundern, sich extrañar
Wunsch deseo
wünschen desear
würzen condimentar
Wut rabia

Z

Zahl número
zahlen pagar
zählen contar
Zahn diente, muela
Zahnarzt dentista (m/w)
Zahnbürste cepillo de dientes
Zahnpasta dentífrico, crema dental, pasta de dientes
zärtlich cariñoso
Zeh dedo (de pie)
zeichnen dibujar
Zeichnung dibujo, diseño
zeigen mostrar
Zeit tiempo
Zeitschrift revista
Zeitung periódico, diario
Zelt carpa, tienda de campamento
Zentrum centro
zerstören destruir
Zettel hoja, papel
Zeuge testigo
ziehen (heraus-) sacar
Ziel destino
ziemlich bastante
Zigarette cigarillo
Zigarre puro
Zimmer habitación, cuarto
zittern temblar
Zoll aduana
Zollerklärung declaración
zu (nach) a, hacia
zu (sehr, viel) demasiado
Zucht (Tiere) cría
Zucker azúcar (m/w)
zuerst primero
zufrieden contento
Zug tren (m)
zurück hacia atrás
zurückgeben devolver
zurückkommen volver
zusammen juntos
zusätzlich adicional
Zuschlag recargo
Zustand estado
Zweifel duda
zwischen entre

Notizen

Spanisch – Deutsch

A

a zu, nach
abajo unten
abastecimiento Markt
abeja Biene
abierto offen, geöffnet
abrazar umarmen
abrir öffnen
abuela Oma
abuelo Opa
abundante im Überfluss
aburrido langweilig
acá hier, hierher
acabar beenden, aufhören, etw. eben getan haben
accidente (m) Unfall
aceite (m) Öl
ácido sauer, Säure
aclarar (er)klären
acompañar begleiten
aconsejar Rat geben
acordarse sich erinnern
acostado: estar a. liegen
acostarse sich hinlegen
acostumbrarse sich gewöhnen
acuerdo: de a. einverstanden
además außerdem
adentro innen
adicional zusätzlich
administración Verwaltung, Behörde
admirar bewundern
¿adónde? wohin?
aduana Zoll
adulto Erwachsener
aeropuerto Flughafen
afeitarse sich rasieren
afuera (dr)außen
agarrar nehmen, ergreifen
agencia de viajes Reisebüro
agradable angenehm
agradecer danken
agricultor Bauer
agricultura Landwirtschaft
agua (el, w) Wasser
aguardiente (m) Schnaps
aguja Nadel
ahora jetzt
ahora: a. mismo sofort
ahorrar sparen
aire (m) Luft, Wind
aire: a. acondicionado Klimaanlage
ají (m) Chili, Paprika (Arg)
ajo Knoblauch
alcohol Alkohol
aldea Dorf
alegrarse sich freuen
alegre fröhlich, lustig
alegría Freude
alemán deutsch, Deutscher
Alemania Deutschland
alfombra Teppich
algo etwas
algodón Baumwolle, Watte
alguien jemand
algún irgendein
algunos/-as (m/w) ein paar, einige
alimentos (m Pl) Lebensmittel

allá, allí dort, da
almacén Lager, Kaufhaus
almohada Kopfkissen
almorzar zu Mittag essen
almuerzo Mittagessen
alojamiento Unterkunft
alquilar (ver)mieten
alrededor ringsum, ungefähr
alrededor: a. de um ... herum
alrededores (m Pl) Umgebung
alto hoch, groß (Person)
alumno Schüler
ama de casa Hausfrau
amable freundlich
amante (m/w) Geliebter / -e
amar lieben
amargo bitter
ambiente (m) Zimmer (Arg)
ambo Anzug (Arg)
ambulancia Krankenwagen
amiga Freundin (gute)
amigo Freund (guter)
amistad Freundschaft
amor (m) Liebe
amplio breit
ancho breit
andar gehen, fahren, funktionieren
andén Bahnsteig
anfitrión Gastgeber
angosto eng
anillo Ring
animal (m) Tier
aniversario Geburtstag
anoche gestern Abend
ansioso sehnsüchtig
anteayer vorgestern
anteojos (m Pl) Brille
antes bevor, vorher
anual jährlich
anunciar anzeigen, bekanntmachen
año Jahr
apagar ausschalten
aparcar parken (Auto)
apartamento Wohnung
apellido Nachname
apenas kaum
apoyar unterstützen
aprender lernen
aproximadamente etwa, ungefähr
apunte (m) Notiz
apurarse sich beeilen
aquel / aquella jener/-e
aquí hier
arancel (m) Gebühr
árbol (m) Baum
arena Sand
arete (m) Ohrring
arma (el, w) Waffe
armario Schrank
arreglar reparieren, aufräumen
arreglarse sich herrichten
arrendar vermieten
arriba oben
arribar ankommen (Schiff)
arrojar werfen
arroz (m) Reis
arte (m, Pl.: w) Kunst
artefacto Gerät
artesanía Kunstgewerbe
artista (m/w) Künstler
asalto Überfall
ascensor (m) Aufzug
así so
asiento Sitzplatz
aspiradora Staubsauger
¡atención! Achtung!
atender behandeln, bedienen
atrás zurück, dahinter

atrasado verspätet, rückständig
aún noch
auspiciar sponsern
austral südlich
Austria Österreich
austríaco Österreicher, österreichisch
auto Auto, Wagen
autopista Autobahn
avenida Hauptstraße
averiguar nachsehen, ermitteln
avión (m) Flugzeug
avisar anmelden, benachrichtigen
aviso Anzeige (Zeitung)
avispa Wespe
avispado schlau
ayer gestern
ayuda Hilfe
ayudar helfen
azafata Stewardess
azúcar (m/w) Zucker

B

bache (m) Schlagloch
bailar tanzen
baile (m) Tanz
bajar aussteigen, hinuntergehen / -fahren
bajo niedrig, klein
banco Bank (Geld, Sitz-)
bandera Fahne
bañarse baden
bañera Badewanne
baño Bad, Toilette
bar Café
barato billig
bárbaro toll, super
barco Schiff
barra de labios Lippenstift
barranco Schlucht
barrio Stadtteil
bastante genug, ziemlich
basura Müll
bata de baño Bademantel
batería Batterie
beber trinken
bebida Getränk
bello schön
besar küssen
beso Kuss
biblioteca Bücherei
bicicleta Fahrrad
bien gut (Umst.)
bienvenido willkommen
birome (w) Kugelschreiber (Arg)
bochinche (m) Durcheinander
bodas (w Pl) Hochzeit
bolero Schuhputzer (Mex)
boletería Fahrkartenschalter
boleto Fahrkarte, Eintrittskarte
boliche (m) Kneipe
bolsa Tasche, Beutel
bolsa: b. de dormir Schlafsack
bomberos (m Pl) Feuerwehr
bombilla Glühbirne
bonito hübsch
borracho betrunken
borrador Radiergummi
bosque (m) Wald
botar wegwerfen
bote (m) Boot
botella Flasche
botón Knopf
brasier Büstenhalter
brazo Arm
broncearse sich sonnen
bueno gut

burlarse (de) sich lustig machen (über)
buscar suchen
buseta Kleinbus (Col)

C

caballo Pferd
cabello Haar
cabeza Kopf
cacerola Kochtopf
cada (uno) jeder
caer (hin)fallen
café (m) Kaffee
caja Kasse, Kiste
cajón Schublade, Kiste
calcular rechnen
calefacción (w) Heizung
calidad Qualität
caliente warm, heiß
calle (w) Straße
callejón Gasse
calor Hitze
cama Bett
cámara fotográfica Fotoapparat
cambiar umtauschen, wechseln
cambiarse sich umziehen
caminar zu Fuß gehen, wandern
camino Weg
camión Bus
camioneta Pick-up-Laster
camisa Hemd
campamento Zeltlager
campera Jacke (Süd)
campesino Bauer
cancelar (be)zahlen, stornieren
cancha Sportplatz
canción (w) Lied
candado Vorhängeschloss
cansado müde
cantar singen
cantidad Menge, Quantität
cantina Kneipe
caño Wasserhahn
capital (w) Hauptstadt
cara Gesicht
característica Eigenschaften, Vorwahl (Telefon, Süd)
carbón (m) Kohle
cargar tragen
cariñoso zärtlich, herzlich
carne (w) Fleisch
caro teuer
carpa Zelt
carro Auto, Wagen
carta Brief
cartera Brieftasche, Handtasche
casa Haus
casado verheiratet
casamiento Hochzeit
casarse heiraten
castigar bestrafen
castigo Strafe
castillo Schloss (Bau)
cazar jagen
cazuela Topf
celebrar feiern
celular Handy
cementerio Friedhof
cena Abendessen
cenar zu Abend essen
cenicero Aschenbecher
central camionera (w) Busbahnhof
centro Stadtmitte, Zentrum
cepillo de dientes Zahnbürste
cerca (de) nahe
cerrar schließen
cerro Berg, Hügel

cerveza Bier
chabacano Aprikose (Mex), ordinär (Car)
chamarra Jacke
champú (m) Shampoo
chapa Blechabdeckung, Autokennzeichen
charlar sich unterhalten
cheque (m) Scheck
chévere toll, super
chica Mädchen
chico klein, Junge
¡chin-chin! Prost!
chofer Chauffeur
chola Indígena-Frau (Bol)
chompa Pullover (Süd, And)
cierto wahr
cigarillo Zigarette
cima Gipfel
cine (m) Kino
cinta adhesiva Tesafilm
cita Verabredung, Termin
citarse sich verabreden
ciudad (w) Stadt
ciudadano Staatsbürger
claro hell, klar
clasificado Anzeige (Zeitung)
clave (w) Vorwahl
clavo Nagel (Handwerk)
clima (m) Wetter, Klima
clínica Klinik
cobrar kassieren
coche (m) Auto, Wagen
cocina Küche
cocinar kochen
código postal Postleitzahl
coger nehmen, bumsen (Car, Süd)
cola Schwanz, Warteschlange
colección (w) Sammlung
colectivo Sammeltaxi, Bus (Arg)
colegio Schule (weiterführend)
colgar hängen
colocar stellen, legen
color Farbe
color: de colores bunt
comal Tortillapfanne (Mex)
comenzar anfangen, beginnen
comer essen
comercial (m) Werbung
comercio Handel
comida Essen, Mahlzeit
comienzo Anfang
¿cómo? wie?
cómodo gemütlich, bequem
compartir teilen
completo ausgebucht
complicado kompliziert
compostura Reparatur (Arg)
comprar kaufen
comprender verstehen
computadora Computer
comunicar mitteilen
con mit
concha Muschel(schale)
concierto Konzert
condimentar würzen
condimento Gewürz
condón Kondom
conducir fahren (Auto)
conductor Fahrer
conejo Kaninchen
confiar vertrauen
conocer kennen
conocerse sich kennenlernen
conseguir bekommen
consejo Ratschlag
conserje (m/w) Hausmeister / -in
construir bauen
consulado Konsulat
consultorio (Arzt-)Praxis

contaminación (w) Verschmutzung
contar zählen, erzählen
contenido Inhalt
contento zufrieden
contestar antworten
contra gegen
contrato Vertrag
contribución Gebühr
controlar kontrollieren
convencer überzeugen
conversación Gespräch
conversar sich unterhalten
convertir umwandeln
coquetear flirten
corazón Herz
corbata Krawatte
cordillera Gebirgskette
correcto richtig
correo(s) Post
correr laufen, rennen
cortar abschneiden; beenden, aufhören
corte (m) Haarschnitt
cortés höflich
cortina Gardine
corto kurz
cosa Sache, Ding
costar kosten (Preis)
costumbre (w) Brauch
creer glauben
crema süße Sahne, Creme
crema: c. dental Zahnpasta
crimen Verbrechen
criollo kreolisch
cruce (m) Kreuzung
crucero Kreuzfahrt; Kreuzung (Mex)
crudo roh (Speisen)
cruel grausam
cuadra Häuserblock
cuadro Bild
¿cuál? welcher?
cuando wenn, als
¿cuándo? wann?
¿cuánto? wie viel?
¿cuánto tiempo? wie lange?
cuarto Raum, Zimmer
cubo Eimer
cubrecama Bettzeug
cuchara Löffel
cuchillo Messer
cuenta Rechnung
cuenta: darse c. (de) bemerken
cuento Erzählung
cuerda Seil, Schnur
cuero Leder
cuete betrunken
cuidado Sorgfalt, Achtung
cuidar aufpassen
culpa Schuld
culpable schuldig
cumbre Gipfel
cumpleaños (m Sg) Geburtstag
cumplir erfüllen
curar behandeln, heilen
curioso neugierig
curita Pflaster (Ven)

D

danza Tanz
dar geben
de aus, von (Ort)
debajo de unter
deber sollen, müssen, schulden
decidir(se) (sich) entscheiden
decir sagen
declarar erklären

dedo Finger, Zeh
defender verteidigen
dejar lassen
delante vorne
delante: d. de vor (örtl.)
deletrear buchstabieren
delgado dünn
demasiado zu (sehr)
demora Aufenthalt
demorar dauern
dentífrico Zahnpasta
dentista (m/w) Zahnarzt / -ärztin
dentro de innerhalb, in
departamento Wohnung
depender abhängen (von etw.)
deporte (m) Sport
depositar abgeben
derecha: a la d. rechts
derecho Recht
desayunar frühstücken
desayuno Frühstück
descansar sich erholen, ausruhen
descompostura Panne (Auto, Arg)
descompuesto faul (Obst), kaputt (Arg)
desconocido unbekannt
descuento Ermäßigung, Rabatt
desde seit, aus
desear wünschen
deseo Wunsch
desilusionado enttäuscht
desnudo nackt
despacho Büro
despacio langsam (Umst)
despedirse sich verabschieden
despertar wecken
despertarse aufwachen
después danach, später
destapador Korkenzieher
destino Ziel
destornillador Schraubenzieher
desvío Umleitung, Umweg
detenerse stehenbleiben
detergente (m) Spülmittel
detrás de hinter
día (m) Tag
dialecto Dialekt
diario täglich, Zeitung
diarrea Durchfall
dibujar zeichnen
dibujo Bild
diccionario Wörterbuch
diente (m) Zahn
diferencia Unterschied
diferente verschieden, unterschiedlich
difícil schwierig
dinero Geld
Dios Gott
dirección (w) Richtung, Adresse
directorio Telefonbuch
disco Schallplatte
discoteca Diskothek
disculparse sich entschuldigen
diseño Zeichnung
disfrutar genießen
distancia Entfernung
divertido lustig
divertirse sich vergnügen
divisas (w Pl) Devisen
doblar abbiegen, falten
doctor Arzt
documento Dokument
documento: d. nacional de identidad (D.N.I.) Personalausweis
doler schmerzen, wehtun
dolor Schmerz
donar spenden
¿dónde? wo?
dónde: ¿de d.? woher?

dormir schlafen
dormitorio Schlafzimmer
ducha Dusche
duda Zweifel
dueño Besitzer, Eigentümer
dulce süß
durante während
duro hart, fest

E

económico billig
edad (Lebens-)Alter
edificio Gebäude
efectivamente wirklich
efectivo Bargeld
ejemplo Beispiel
ejemplo: por e. zum Beispiel
ejercer ausüben
él er
eléctrico elektrisch
elegir auswählen
ella sie (w Sg)
embajada Botschaft
embarazada schwanger
embargo: sin e. jedoch
emergencia Notfall
empezar anfangen, beginnen
empleado Angestellter
en in
enamorado verliebt
enamorarse sich verlieben
encaminar auf den Weg bringen
encantado erfreut
encender anschalten
encontrar finden, begegnen, treffen
encontrarse sich befinden, sich treffen
encuentro Treffen
enfermedad Krankheit
enfermera Krankenschwester
enfermo krank
enfrente de gegenüber
engañar betrügen
ensalada Salat (Zubereitung)
enseñar unterrichten, lehren
entender verstehen
enterarse de etw. merken
entero ganz
entonces dann
entrada Eingang
entrar hineingehen, eintreten
entre zwischen
entregar abgeben
entretenerse sich vergnügen
enviar schicken, senden
envolver einpacken
equipaje (m) Gepäck
equivocar(se) (sich) irren
error Fehler
escalera Treppe, Leiter
escribir schreiben
escritorio Büro, Schreibtisch
escuchar hören
escuela (Grund-)Schule
ese / esa dieser / -e da
español spanisch, Spanier
eso: por e. deshalb
especialmente besonders
espectáculo Schauspiel
espejo Spiegel
esperar hoffen, warten
esposa Ehefrau
esquí (m) Ski
esquiar Ski fahren
estación Jahreszeit, Bahnhof
estación: e. de servicio Tankstelle
estacionar parken (Auto)

estado Staat, Zustand
estampilla Briefmarke
estancia Aufenthalt, Farm
estar sein, sich befinden
este (m) Osten
este /esta dieser, -e
estilo Stil
estrecho eng
estropeado kaputt
estudiante (m/w) Student / -in
estudiar studieren, lernen
estúpido doof
evento Ereignis
exacto genau
examen (m) Prüfung
excelente ausgezeichnet
excursión Ausflug
excusarse sich entschuldigen
éxito Erfolg
explicar erklären
exportación Ausfuhr
exposición Ausstellung
expresarse sich ausdrücken
exterior Ausland
extranjero fremd, ausländisch
extrañar sich wundern, vermissen
extraviarse sich verirren

F

fábrica Fabrik
fácil leicht, einfach
factura Rechnung
falla Fehler
falso falsch (Irrtum)
faltar fehlen
familia Familie
famoso berühmt
farmacia Apotheke
faro Scheinwerfer
favor Gefallen
favor: ¡por f.! Bitte!
fecha Datum
felicidades (w Pl) Glückwunsch
felicitar gratulieren
feliz glücklich
femenino weiblich
feo hässlich
ferrocarril Eisenbahn
ferry (m) Fähre
ficha Stecker, Spielfigur
fiebre (w) Fieber
fiesta Fest, Feier
fin Ende
fin: por f. endlich
finalizar aufhören, beenden
finalmente endlich
fino dünn, fein
firma Unterschrift
firmar unterschreiben
firme fest
flaco dünn
flojo faul, träge
flor (w) Blume
fondo Grund
formar fila sich anstellen
formulario Formular
fósforo Streichholz
foto (w) Fotografie
fotografía Fotografie
frase (w) Satz
frazada (Woll-)Decke
frecuentemente oft
fresco frisch, Kühl
frijol Bohne
frío kalt
frío: tener f. frieren
frontera Grenze
fruta Frucht, Obst

fuego Feuer
fuente (w) Quelle
fuerte stark
fumar rauchen
función (w) Vorstellung (Show)
funcionario Beamter
fútbol Fußball

G

gamuza Wildleder
ganado Vieh
ganar gewinnen, verdienen
ganas (w Pl) Lust
gas Gas
gásoil (m) Diesel
gaseosa Erfrischungsgetränk
gasolina Benzin
gasolinera Tankstelle
gente (w Sg) Leute
gerente (m/w) Geschäftsführer / -in
giro Überweisung
gobierno Regierung
golpe (m) Schlag
gomería Reifenwerkstatt
góndola Regal (Laden, Arg)
gordo dick
¡gracias! Danke!
gramática Grammatik
gramo Gramm
grande groß
grasa Fett
gratuito kostenlos
gringo (weißer) Ausländer, Ami
gripe (w) Grippe
gritar schreien, rufen
grueso dick (Material)
grupo Gruppe
guapo hübsch, schön
guía (m) (Reise-)Führer
gustar gefallen, schmecken, mögen
gusto Geschmack
gusto: con mucho g. gern

H

habitación Wohnung, Zimmer
habitante (m/w) Einwohner / -in
hablar sprechen, reden
hace vor, seit
hacer machen, tun
hacerse werden (Beruf), sich zu etw. machen
hacia in Richtung auf, zu, nach
hacienda Farm
hambre (el, w) Hunger
harina (w) Mehl
hasta bis
hay es gibt
hay: h. que man muss
hecho a mano handgemacht
heladera Kühlschrank (Süd)
helado (Speise-)Eis, eiskalt
herida Wunde, Verletzung
herido Verletzter, verletzt
hermana Schwester
hermano Bruder
hermanos (m Pl) Geschwister
hermoso schön
herramienta Werkzeug
hervir kochen, sieden
hielo Eis (Wasser)
higiene (w) Hygiene
hija Tochter
hijo Sohn
hilo Faden

historia Geschichte
hoja Blatt, Zettel
hombre (m) Mann, Mensch
hondo tief
hora Stunde
horario Fahrplan
hormiga Ameise
horno Ofen
horrible schrecklich
hospedaje (m) Unterkunft
hospital Krankenhaus
hospitalidad (w) Gastfreundschaft
hotel Hotel
hoy heute
hueco Loch
huelga Streik
huésped (m/w) Gast
huevo Ei
huipil Indígena-Bluse
húmedo nass, feucht

I

ida Hinfahrt
idea Idee
idioma (m) Sprache
iglesia Kirche
igual gleich, egal
igual: da i. es ist egal
imaginarse sich etw. vorstellen
importación Einfuhr
importante wichtig
imposible unmöglich
impresionante beeindruckend
impuesto Steuer
incendio Brand, Feuer
increíble unglaublich
industria Industrie
información Auskunft
informar benachrichtigen
informarse sich erkundigen
iniciar anfangen
inmediatamente gleich, sofort
inocente unschuldig
insecto Insekt
insultar beleidigen
inteligente klug
intención Absicht
intentar versuchen
interesante interessant
interesarse (por) sich interessieren (für)
interior Landesinneres
internacional international
interrupción Unterbrechung
invierno Winter
invitación Einladung
invitado Gast
invitar einladen
inyectar injizieren
ir fahren, gehen
irse (de) weggehen, abfahren
isla Insel
izquierda: a la i. links

J

jabón Seife
jamás niemals
jamón Schinken
jardín Garten
jefe (m) Chef
jóven jung, Junge
jubilado pensioniert
jugar spielen
jugo Saft
juguete (m) Spielzeug
junto(s) zusammen

K

kilo(gramo) Kilogramm
kilómetro Kilometer
kiosco Kiosk

L

labor Arbeit
laborar arbeiten
lado Seite (Richt.)
lado: al l. de neben
lado: por ningún l. nirgends
lado: por todos lados überall
ladrón Dieb
lago See
lamentablemente leider
lamentar bedauern, leidtun
lámpara Lampe
lana Wolle
lancha Motorboot
lápiz (m) Bleistift
largo lang, reichlich, großzügig
largo: a lo l. (de) längs, entlang
lastimado verletzt
laudo Trinkgeld (Arg)
lavadora Waschmaschine
lavar(se) (sich) waschen
lavarropas (m) Waschmaschine
leche (w) Milch
lecho Bett
lechuga Kopfsalat
leer lesen
lejos weit entfernt
lengua Zunge, Sprache
lentes (m Pl) Brille
lento langsam
letra Buchstabe
levantar (auf)heben
levantarse aufstehen
ley (w) Gesetz
libre frei
libro Buch
ligero leicht (Gewicht)
limpiaparabrisas (m Sg) Scheibenwischer
limpiar säubern
limpio sauber
lindo schön, hübsch
lío Unordnung, Problem
liso einfarbig, glatt (Haare)
listo fertig, bereit, schlau
liviano leicht (Gewicht)
líving (m) Wohnzimmer
llamar rufen
llamarse heißen
llanta Reifen
llave (w) Schlüssel
llegada Ankunft
llegar ankommen
lleno voll
llevar hinbringen, mitnehmen
llorar weinen
llover regnen
lluvia Regen
loco verrückt
luchar kämpfen
luego dann
lugar Ort, Stelle
luminoso hell
luz (w) Licht, Strom (el.)

M

madera Holz
madre (w) Mutter
maduro reif

maestro Lehrer (Grundschule)
mal schlecht (Umst.)
maleta Koffer
malo schlecht
maluco verrückt
mamá Mutter, Mama
mandar schicken, senden
manejar fahren, lenken
manera Art und Weise
manga Ärmel
manifestación Demonstration
mano (w) Hand
manta Bettdecke
manteca Butter, Schmalz
mantel Tischdecke
mantequilla Butter
mañana Morgen, morgen
mapa (m) Landkarte, Stadtplan
maquillarse sich schminken
máquina Maschine
mar Meer
marchar wandern, marschieren
mareado schwindelig
marido Ehemann
mariposa Schmetterling
martillo Hammer
más mehr
más: m. o menos etwa, ungefähr
masculino männlich
matar töten
matrimonio Ehe
mayor größer, älter, Erwachsener
mecate (m) Seil (Mex, Ven)
medianoche (w) Mitternacht
medicina Medikament
médico Arzt
medida: a la m. passen, sitzen (Kleidg.), im richtigen Maß
medio halb
medio: en m. de inmitten von
medio: m. ambiente Umwelt
mediodía (m) Mittag
mejillón (Mies-)Muschel
mejor besser
menos weniger
mentir lügen
menú (m) Menü
menudo: a m. oft
mercado Markt
mercancía Ware
mes (m) Monat
mesa Tisch
mi mein
micro Bus
miedo Angst
mientras während
migración Einwanderungsbehörde
milanesa Schnitzel
mínimo: por m. mindestens
mirar (an)sehen, schauen
mismo selbst
mitad Hälfte
mixto gemischt
mochila Rucksack
moda Mode
mojado feucht
molestar stören
moneda Münze
montaña Gebirge
monte (m) Berg, Wald
montón Haufen
monumento Denkmal
morir(se) sterben
mosquitero Moskitonetz
mosquito (Stech-)Mücke
mostrar zeigen
moto (w) Motorrad
motocicleta Motorrad
motor Motor
mover bewegen

mozo Kellner
mucama Putzfrau, Zimmermädchen
muchacha Mädchen
muchacho Junge
mucho viel
mudarse umziehen (Wohnung)
mueble (m) Möbel
muela Zahn
muerte (w) Tod
muerto tot
mujer (w) Frau
mundo Welt
muñeca Puppe
museo Museum
música Musik
muy sehr

N

nacer geboren werden
nacionalidad (w) Staatsangehörigkeit
nada nichts
nadar schwimmen
nadie niemand
nafta Benzin (Arg)
naftero Tankwart (Arg)
natural natürlich
naturaleza Natur
navaja Taschenmesser
Navidad (w) Weihnachten
necesario notwendig
necesitar brauchen
negociar handeln, feilschen
negocio Geschäft, Laden
neumático Reifen
nevar schneien
nevera Kühlschrank
nieto Enkel
nieve (w) Schnee
ningún kein
ninguno / ninguna keiner / -e
niño Kind
nivel Etage
no nein, nicht
noche (w) Nacht
nombre (m) Vorname
norte (m) Norden
nosotros / -as (m/w) wir
notar aufschreiben
noticias (w Pl) Nachrichten
nube (w) Wolke
nuestro unser
nuevo neu
nuevo: de n. wieder
número Zahl, Nummer
nunca niemals

O

o oder
obra social Krankenkasse (Süd)
obrero Arbeiter
observar beobachten
occidente (m) Westen
ocupado beschäftigt, besetzt
oeste (m) Westen
ofender beleidigen
oferta Angebot
oficina Büro
ofrecer anbieten
oír hören
ojalá hoffentlich
ojo Auge,
¡ojo! Achtung!, Vorsicht!
ola Welle
olvidar vergessen

onda Welle
opaco matt
operario Angestellter
opinar meinen
opinión Meinung
oportunidad (w) Gelegenheit
oración Satz, Gebet
orden (m) Ordnung
orden (w) Bestellung, Befehl
ordenar bestellen, befehlen, aufräumen
oreja Ohr
organizar organisieren
órgano Organ, Orgel
oriente (m) Osten
orilla Ufer
oro Gold
oscuro dunkel
otoño Herbst
otro anderer, noch ein

P

padre (m) Vater
padres (m Pl) Eltern
pagar (be)zahlen
página Seite (Buch)
país (m) Land
paisaje (m) Landschaft
pájaro Vogel
palabra Wort
palacio Palast
paloma Taube
pampa Steppe
pan Brot
panadería Bäckerei
pantalón Hose
pañal Windel
papa Kartoffel
papá (m) Papa
papel Papier
papel: p. higiénico Toilettenpapier
paquete (m) Paket
par paar
para für, nach, um zu
para: ¿p. qué? wofür?
parada Haltestelle
parado: estar p. stehen
paraguas (m Sg) Regenschirm
parar anhalten, beenden
pararse stehenbleiben, sich hinstellen, anhalten
parecer scheinen
pared (w) Wand
pareja Paar
paro Streik
parque (m) Park
parrilla Grill
parte (w) Teil
partir abreisen, aufteilen
pasado mañana übermorgen
pasaje (m) Fahrkarte
pasajero Passagier
pasaporte (m) Pass
pasar passieren, verbringen, vorbeigehen
Pascua Ostern
pasear spazierengehen
pasillo Flur
pasta dental Zahnpasta
pasteles (m Pl) Gebäck
pastilla Tablette
pasto Gras
patio (Innen-)Hof
patrón Hausherr, Chef
pausa pause
pavor Entsetzen
paz (w) Frieden
pecho Brust

pedazo Stück
pedido Bestellung
pedir bitten, bestellen
pegar schlagen
peinado Frisur
peinarse sich kämmen
peine (m) Kamm
pelear streiten
película Film
peligroso gefährlich
peluquería Friseur
pena Strafe, Mühe
pensar meinen, denken
peor schlechter
pequeño klein
perder verlieren
perderse sich verirren
perdón Entschuldigung
perezoso faul, träge
perfume (m) Parfum
periódico Zeitung
permanente (m) Dauerwelle
permiso Erlaubnis
permitir erlauben
pero aber
perro Hund
persona Person
pesado schwer (Gewicht), unsympathisch
pescado Fisch (Essen)
pescar angeln
pesero Sammeltaxi (Mex)
peso Gewicht
pez (m) Fisch
piano Klavier
picante scharf (gewürzt)
pie (m) Fuß
pie: a p. zu Fuß
piedra Stein
pierna Bein
pieza Stück
pila Batterie
pileta Waschbecken (Arg)
pimentón (m) Paprika (Pulver)
pimienta Pfeffer
pino Kiefer (Baum)
pintar (an)malen
pintor Maler
pintura Bild
piscina Schwimmbad
piso Etage, Stockwerk
placard (m) Einbauschrank (Arg)
plan Plan
plancha Bügeleisen
planchar bügeln
planta Pflanze, Etage
planta: p. baja Erdgeschoss
plástico Plastik
plata Silber, Geld
platea Parkett (Theater)
plática Gespräch
platicar sich unterhalten
plato Teller
playa Strand, Parkplatz (Per)
plaza Platz
plomero Klempner
pobre arm
poco wenig
poder können, dürfen
policía Polizei
policía (m) Polizist
política Politik
pollera Rock (And, Süd)
pomada Salbe
poner legen, stellen
ponerse sich etw. anziehen, sich hinstellen
poquito: un p. ein bisschen
por wegen, durch, für
porque weil

posible möglich
posición Lage, Standpunkt
postal (w) Postkarte
postergar verschieben (zeitl.)
postre (m) Nachtisch
pozo Schlagloch
práctica Übung
practicar üben
precio Preis
preferir bevorzugen
pregunta Frage
preguntar fragen
prender anschalten
preocuparse sich Sorgen machen
preparar zubereiten,vorbereiten
presentarse sich (jdm.) vorstellen
prestar verleihen
previamente im Voraus
primaria Grundschule
primavera Frühling
primero erster, zuerst
principiar anfangen
privado privat
probar kosten, probieren
problema (m) Problem
profesión Beruf
profundo tief
programa (m) Programm
prohibir verbieten
promesa Versprechen
prometer versprechen
pronto bald
pronunciación Aussprache
propiedad Eigentum
propina Trinkgeld
proponer vorschlagen
propuesta Vorschlag
provenir (de) kommen / stammen (aus)
próximo nächster
prueba Beweis
pueblo Volk, Dorf
puente (m) Brücke
puerta Tür
puerto Hafen
pues also
punto Punkt
puntual pünktlich
puro echt, Zigarre
pus (m) Eiter

Q

que dass
¿qué? was?
qué: ¿por qué? warum?
quedar übrigbleiben
quedarse bleiben
quemar brennen
querer wollen
queso Käse
¿quién? wer?
quién: ¿de qu.? wessen?
quilombo Unordnung (Arg)
quiniela Toto (Spiel)
quinta Landhaus
quitar wegnehmen, entfernen
quitarse sich ausziehen
quizás vielleicht

R

radicarse einwandern, Fuß fassen
radio (w) Radio
ramo Strauß (Blumen)
rancho Slumhütte (Ven)
rápido schnell
raqueta (de tenis) Tennisschläger

raro selten
razón (w) Grund
real(mente) wirklich
rebaja Ermäßigung
recámara Schlafzimmer
recargo Zuschlag
receta Rezept
recibir bekommen, erhalten
recién gerade eben
recital Konzert
reclamo Beschwerde
recoger aufsammeln, aufheben
recomendar empfehlen
recordar sich erinnern
recto geradeaus
recuerdo Andenken
recuperarse sich erholen
redondo rund
referirse a sich beziehen auf
refrigerador Kühlschrank
regalo Geschenk
régimen (m) Diät, Regime
región (w) Gegend
registrar registrieren
regreso Rückkehr
reír lachen
relajado entspannt
relleno gefüllt
reloj (m) Uhr
remedio Medikament
remolcar abschleppen
rentar mieten
reparación (w) Reparatur
repente: de r. plötzlich
repetir wiederholen
represión (w) Unterdrückung
repuesto Ersatzteil
responder antworten
respuesta Antwort
retraso Verspätung
revisar untersuchen
revista Zeitschrift
rico reich, lecker
río Fluss
robo Diebstahl
rogar bitten
romper(se) brechen
ropa Kleidung
roto kaputt
rubio blond
ruido Geräusch, Lärm
rumbo Richtung
ruta Route, Landstraße

S

sabana Savanne
sábana Bettlaken
saber wissen
sabio klug, weise
sabroso schmackhaft
sacar herausziehen
sacarse ausziehen
saco de dormir Schlafsack
sal (w) Salz
sala Raum
salario Lohn, Gehalt
salida Ausgang, Ausreise
salir (hin)ausgehen, abreisen
salsa Soße
salud (w) Gesundheit
saludar (be)grüßen
saludo Gruß
salvar retten
sanitario Toilette
sano gesund
sartén (w) Pfanne
satisfecho satt
sección (w) Abteil(ung)

seco trocken
secundaria Gymnasium
sed (w) Durst
seda Seide
seguida: en s. sofort
seguir weitermachen, weitergehen, folgen
segundo Sekunde
seguramente sicherlich
seguro sicher, Versicherung
sello Briefmarke, Stempel
semáforo Ampel
semana Woche
sencillo einfach
seno (weibl.) Brust
sentado: estar s. sitzen
sentarse sich setzen
sentimiento Gefühl
sentir(se) (sich) fühlen
señor Herr
señora Frau
ser sein
ser: s. humano Mensch
servir bedienen, nützen
si ob, wenn, falls
sí ja
SIDA (m) Aids
siempre immer
sierra Gebirge
siesta Mittagspause
significado Bedeutung
siguiente folgend
silencio Ruhe
silla Stuhl
simple einfach
sin ohne
sindicato Gewerkschaft
sino sondern
sobrante übrig
sobre auf (örtl.)
sobre (m) Briefumschlag
sobretodo Mantel
sociedad (w) Gesellschaft
soga Seil
sol (m) Sonne
solamente nur
solo allein, nur
soltero ledig
sombra Schatten
sombrero Hut
sombrilla Sonnenschirm
sonreír lächeln
sopa Suppe
sordo taub
sostener halten
soutien (m) Büstenhalter
su ihr(e), sein(e)
suave weich
subir hinauffahren, hinaufgehen
subte (m) U-Bahn (Arg)
suceder geschehen
sucio schmutzig
sudar schwitzen
sueldo Lohn, Gehalt
suelo Boden
suerte (w) Glück
suéter Pullover
suficiente genügend
sufrir leiden
Suiza Schweiz
suizo schweizerisch, Schweizer
suma Summe
supermercado Supermarkt
suplicar flehen, bitten
supuesto: por s. selbstverständlich
sur Süden

T

tabaco Tabak
tal solcher
tal vez vielleicht
taller (m) Werkstatt
tamaño Größe (Kleidung)
también auch
tampoco auch nicht
tan so
tanto so viel, so sehr
tanto: por lo t. deshalb
tapa Titelseite
tardar dauern
tardarse sich verspäten
tarde spät
tarde (w) Abend, Nachmittag
tarjeta Karte
tarjeta: t. de crédito Kreditkarte
tasa Gebühr
tasca Kneipe
taza Tasse
té (m) Tee
techo Dach, Decke
tela Tuch, Stoff
tela: t. adhesiva Pflaster
teléfono Telefon
telenovela Fernsehserie
televisor Fernsehgerät
temblar zittern
temer sich fürchten
temor Furcht, Angst
temporada Saison
temprano früh
tenedor Gabel
tener haben, besitzen
tener: t. que müssen
tenis (m) Sportschuh
terminar beenden, aufhören
terremoto Erdbeben
terreno Grundstück
testigo Zeuge
teta Brust (weibl.)
tía Tante
tiempo Zeit, Wetter
tienda Geschäft, Laden
t: t. de campaña Zelt
tierra Erde
timbre (m) Briefmarke, Klingel
tintorería chem. Reinigung
tío Onkel
típico typisch
tipo Typ
tirar schießen, ziehen
toalla Handtuch
toalla: t. sanitaria Damenbinde
tocadiscos (m Sg) Plattenspieler
tocar berühren, spielen (Instrument)
todavía noch (immer)
todo ganz, alles
tomar nehmen, trinken
tomar: t. una foto fotografieren
tonto dumm
tormenta Gewitter
torre (w) Turm
torta Torte, Kuchen
tostada Toast
totalmente völlig
trabajador Arbeiter, fleißig
trabajar arbeiten
trabajo Arbeit
traducir übersetzen
traductor Dolmetscher
traer (her)bringen
traje (m) Anzug
traje: t. de baño (m) Badeanzug, Badehose
tranquilo ruhig

transbordador Fähre
transferencia Überweisung
tránsito Straßenverkehr
transparente durchsichtig
tratar behandeln
tratar de versuchen
tren Zug
triste traurig
trozo Stück
trucha Forelle
trucho falsch (Arg, Kol)

U

ubicación Lage, Position
último letzter
único einzig
universidad (w) Universität
uno einer, man
uña Nagel (Finger, Zehe)
urgente dringend
Usted / -es Sie (Sg / Pl)
útil nützlich
uva Weintraube

V

vacaciones (w Pl) Ferien, Urlaub
vacante (w) freie Stelle
vacío leer
vacunación (w) Impfung
vacunar impfen
vajilla Geschirr
valer kosten (Preis)
válido gültig
valija Koffer
valioso wertvoll
valle (m) Tal
valor Wert
vario verschieden
vasija Gefäß
vaso Becher, Glas
vela Kerze
vencer (be)siegen
venda Binde
vender verkaufen
veneno Gift
venir kommen
ventana Fenster
ver sehen
verano Sommer
verdad (w) Wahrheit
verdadero echt
verdura Gemüse
vereda Bürgersteig
vergüenza Scharm
vestido Kleid
vestimenta Kleidung
vestirse sich anziehen
vez (w) Mal
vez: a veces manchmal
vez: de v. en cuando manchmal
vez: otra v. noch einmal
viajar reisen
viaje (m) Reise
víbora Giftschlange
vida Leben
vidriera Schaufenster
vidrio Glas (Material)
viejita Alte
viejito Alter
viejo alt
viento Wind
vínculo Beziehung
vino Wein
vino: v. tinto Rotwein

visitar besuchen, besichtigen
vista Aussicht
vitrina Schaufenster
vivir leben, wohnen
volar fliegen
volver zurückkehren
volver: v. a hacer wieder tun
vomitar sich erbrechen
voz Stimme
voz: con v. alta laut (redend)
vuelo Flug
vuelta Rückfahrt

Y

y und
ya schon
ya: ya no nicht mehr
yate (m) Yacht
yerba Gras, Kraut, Mate (Tee)
yo ich

Z

zancudo (Stech-)Mücke
zapato Schuh
zócalo Hauptplatz (Mex, Mit)

Notizen

Notizen

Notizen

Notizen

Notizen

Notizen

Der Autor

Vicente Celi-Kresling wurde 1962 in München geboren. Nach seinem ersten Lebensjahr zogen seine Eltern nach Venezuela. Er ist in Caracas zur Schule gegangen und nach der Trennung seiner Eltern, so oft es die Zeit erlaubte, mit seiner Mutter, dem Bruder und dem Hund herumgereist.

„Um zu übernachten, fragten wir die Leute auf dem Lande, ob wir unsere Hängematte an ihre Bäume hängen dürften. Auf diese Weise lernten wir Land und Leute kennen und machten gute Erfahrungen."

1981 kam Vicente nach Bremen und machte eine Lehre als Elektroinstallateur. Ab 1990 begann er sein Hobby, die Musik, auszubauen und arbeitete als Tontechniker, später als Musikproduzent und Komponist. Seit 1999 lebt er in Berlin.

Impressum

Vicente Celi-Kresling
Spanisch für Lateinamerika – Wort für Wort

erschienen im
Reise Know-How Verlag Peter Rump GmbH
Osnabrücker Str. 79
33649 Bielefeld
Deutschland
+49-521-946490
info@reise-know-how.de

20., neu bearbeitete und verbesserte Auflage 2025

ISBN 978-3-8317-6596-6

Gestaltung und Bearbeitung: der Verlag
Kartografie: Thomas Buri
Fotos: AdobeStock © SALMONNEGRO (Cover), sunsinger (S. 9), kcullen (S. 11), Vojtech Vlk (S. 65), brizardh (S. 92), Worldwide Pictures (S. 135)
Druck und Bindung
mediaprint solutions GmbH, Paderborn

Anzeigenvertrieb
KV Kommunalverlag GmbH & Co. KG,
Alte Landstraße 23, 85521 Ottobrunn,
Tel. 089-928069-0, info@kommunal-verlag.de

Bibliografische Information der Deutschen Nationalbibliothek
Die Deutsche Nationalbibliothek verzeichnet diese Publikation in der Deutschen Nationalbibliografie; detaillierte bibliografische Daten sind im Internet über http://dnb.dnb.de abrufbar.

Bildlegende für die Kapitelstartseiten:
S. 11: Kolonnaden, Plaza Mayor, Lima, Peru
S. 65: Gemüse auf dem Markt in Montevideo, Uruguay
S. 135: Seilbahn, Bogotá, Kolumbien

Effektiver Sprachen lernen –

Aussprache trainieren

1. Für dieses Buch gibt es kostenlose Aussprachebeispiele zum Anhören.

Den QR-Code mit einem Smartphone scannen, um zu den Aussprachebeispielen zu kommen.

Alternativ kann man diese auch unter: www.reise-know-how.de/kauderwelsch/005 erreichen.

2. Unsere separat erhältlichen AusspracheTrainer bieten noch umfangreicheres Tonmaterial und ermöglichen so ein unkompliziertes Erlernen der neuen Sprache, auch unabhängig von den jeweiligen Kauderwelsch-Büchern.